2018—2019年中国工业和信息化发展系列蓝皮书

2018—2019年
中国制造业创新中心建设蓝皮书

中国电子信息产业发展研究院　编著
王　鹏　主　编
何　颖　任海峰　副主编

電子工業出版社
Publishing House of Electronics Industry
北京·BEIJING

内容简介

2018—2019年，全球制造业的竞争格局发生着重大而深刻的变化。建设制造业创新中心旨在聚集产业创新资源，发挥已有各类创新载体的作用，瞄准制造业创新链和供应链的薄弱环节及共性难题，重点攻关克服难点，促进科技成果转移扩散和首次商业化，最终形成以制造业创新中心为核心节点的制造业创新体系，支撑我国制造强国建设。本书总结我国制造业创新中心建设的进展，并展望未来发展前景和方向。全书分为综述篇、国际篇、区域篇和进展篇。综述篇，介绍了我国制造业创新中心建设背景、建设要求和五大政策。国际篇，从建设思路、建设现状等角度，详细分析了美国和英国制造业创新载体建设进展、发展趋势和经验做法。区域篇，以北京市、广东省、江苏省和陕西省为代表，介绍我国各省市制造业创新中心建设的发展模式。进展篇，对我国现有13家制造业创新中心的建设情况和运行情况进行深入分析。希冀通过本书，读者可以更加了解国内外制造业创新的最新趋势、动向以及我国制造业创新中心建设进展及美好前景。

图书在版编目（CIP）数据

2018—2019年中国制造业创新中心建设蓝皮书 / 中国电子信息产业发展研究院编著；王鹏主编. —北京：电子工业出版社，2019.12
（2018—2019年中国工业和信息化发展系列蓝皮书）
ISBN 978-7-121-29510-2

Ⅰ. ①2… Ⅱ. ①中… ②王… Ⅲ. ①制造工业—科技中心—建设—研究报告—中国—2018—2019 Ⅳ. ①F426.4

中国版本图书馆CIP数据核字（2019）第271202号

责任编辑：管晓伟
印　　刷：天津画中画印刷有限公司
装　　订：天津画中画印刷有限公司
出版发行：电子工业出版社
　　　　　北京市海淀区万寿路173信箱　邮编：100036
开　　本：720×1 000　1/16　印张：12.5　字数：240千字　彩插：1
版　　次：2019年12月第1版
印　　次：2019年12月第1次印刷
定　　价：198.00元

凡所购买电子工业出版社图书有缺损问题，请向购买书店调换。若书店售缺，请与本社发行部联系，联系及邮购电话：（010）88254888，88258888。

质量投诉请发邮件至zlts@phei.com.cn，盗版侵权举报请发邮件至dbqq@phei.com.cn。

本书咨询联系方式：（010）88254460；guanphei@163.com。

前　　言

当前，以一主多翼、多点迸发、相互渗透、交叉融合为基本特征的新一轮科技产业革命加速演进，信息技术、新能源、新材料、生物技术等重要领域和前沿方向的革命性突破不断涌现，交叉融合持续推进。云计算、大数据、区块链、物联网、移动互联网等新一代信息技术与制造业的深度融合，带来了制造模式、生产方式和产业形态的深刻变革。制造业创新体系正在重构，创新载体从单个企业向跨领域多主体的协同创新网络转变，创新流程从线性链式向协同并行转变，创新模式由单一的技术创新向技术创新与商业模式创新相结合转变。全球制造业的竞争格局也在发生重大而深刻的变化。美国、欧洲、日本等发达经济体依靠人才、技术和市场优势，在信息网络、新能源、新材料等新兴领域显示出了明显的先发优势，中高端制造环节出现向发达国家回流的现象；印度、越南、墨西哥等新兴发展中国家凭借劳动力成本和资源成本方面的优势，成为国际产业转移新的承接地。

历经三十多年的高速发展之后，我国经济已由高速增长阶段转向高质量发展阶段。过去长期支撑经济高速增长的劳动力、土地等传统要素优势逐渐弱化，资源和环境约束不断强化，投资和出口增速明显放缓，主要依靠资源要素投入、规模扩张的粗放发展模式难以为继，亟须形成新的动力机制和发展模式。党的十九大报告提出：“深化科技体制改革，建立以企业为主体、市场为导向、产学研深度融合的技术创新体系，加强对中小企业创新的支持，促进科技成果转化。”2019 年中央经济工作会议把“推动制造业高质量发展”作为 2019 年的七大任务之首，强调要增强制造业技术创新能力，构建开放、协同、高效的共性技术研发平台，健全需求为导向、企业为主体、产学研一体化的创新机制，强化知识产权创造、保护和运用，形成有效的创新激励机制。国家制造业创新中心建设是制造强国战略的一项重点工作。建设制造业创新中心旨在聚集产业创新资源，发挥已有各类创新载体的作用，瞄准制造业创新链和供应链的薄弱环节及共性难题，促进科技成果转移扩散和首次商业化，最终形成以制造业创新中心为核心节点的制造业创新体系，支撑我国制造强国建设。

本书系统地介绍了我国制造业创新中心的建设背景、建设要求、13家国家制造业创新中心的建设进展，以及北京市、广东省、江苏省、陕西省制造业创新中心的建设情况。同时，本书还介绍了美国、英国制造业创新载体建设的思路、进展和经验做法。希冀通过本书，使读者可以更加了解国内外制造业创新的最新趋势，了解我国制造业创新中心建设的进展情况及其美好前景。

目　录

综述篇

国际篇

区域篇

进展篇

综 述 篇

第一章

制造业创新中心建设背景

第一节　全球制造业创新发展情况

一、发展背景

（一）新一轮科技革命和产业革命正在孕育兴起

当前，世界科技格局和产业格局发生了深刻变化，以新技术突破为基础的科技革命和产业革命呈现加速态势。全球知识创造和技术创新的速度明显加快，学科交叉融合加速，科技创新活动不断突破地域、组织、技术的界限；传统意义上的基础研究、应用研究、技术研发和产业化的边界日趋模糊，技术创新和成果转化更加快捷；新一代信息通信技术迅猛发展和深度应用，新能源、新材料、生物技术等领域多点突破。关键技术交叉融合，多领域技术的群体突破和技术产业的跨界融合成为显著特征。全球范围内产业升级的步伐明显加快，结构调整的力度前所未有，新一轮科技革命和产业变革正在兴起。

（二）创新是应对严峻国际挑战的主要动力

过去 10 年，世界经济接连遭受考验。2008 年国际金融危机爆发，2010—2012 年欧洲出现主权债务危机，2014—2015 年全球大宗商品价格调整。近几年，世界经济开始回暖复苏，但影响经济全面复苏的不确定性因素和风险仍然较多。例如，西方国际贸易保护主义抬头、“新冷战”思维、国家利益优先等已开始严重影响世界经济秩序。世界范围内生产力、生产方式、经济社会发展正发生着深刻的变革，金融危机的冲击和深层次影响将长时间存在，未来几年世界经济仍将保持低速增长。不过，结合当前各国做法，预计全球研发投入力度将会进一步加大，创新要素配置效率将会进一步升高，必将带动全球科技基础和创新能力以更快的速度提升，科技创新对世界经济的复苏和增长的引导与推动作用将会更强。

（三）创新是抢占新科技革命和产业革命主导权的关键手段

新一轮新科技革命和产业革命正深刻影响着全球技术要素和市场要素配置，给当前的产业形态、产业结构和产业组织方式带来了深刻变化，催生了诸多全新产业，将会重塑全球经济结构和竞争格局，很可能将对人类经济活动和社会生活产生根本性影响。

为在新一轮科技创新浪潮中占据优势地位，世界各国纷纷以加强关键领域技术创新为核心，加快应用新一代信息通信技术，力图掌握新科技革命和产业革命的主导权。例如，美国积极开发和应用人工智能、数字化设计与制造等先进制造技术；德国实施“工业4.0”战略，支持工业领域新一代革命性技术的研发和创新；日本大力推进新一代无线网络技术的应用，我国也发布并实施了制造强国战略。

（四）创新是实现经济可持续增长的根本保障

2008年后，全球经济增长的动力正在发生深刻变化。传统意义上推动全球经济增长的一些动力因素，被证明是泡沫现象难以为继，比如英国以金融高端服务为代表的虚拟经济在金融危机中就遭受到了严重打击。全球经济增长格局加速分化，欧美等发达国家积极寻找持续而强劲的新动力。目前来看，科技创新已成为各国共同的战略选择。美国、英国、德国和中国等国家都纷纷加大对创新的布局力度，将创新提升到国家发展战略的核心层面，依靠科技创新挖掘经济发展新动力、培育新经济增长点，提升国家竞争力，推动经济持续健康发展。

二、各国加快部署国家创新战略

进入 21 世纪以来，全球科技创新进入空前密集活跃的时期，世界上很多国家都相继提出了一系列以提升创新能力为核心，对教育、科技、经济等各方面具有全局带动性的指导方针和战略举措，形成了各具特色的创新战略。以美国为代表的发达国家，力图依靠创新维护其已建立的优势地位；以中国为首的发展中国家，也希望凭借创新为突破口奋起直追。

（一）美国：国家创新战略确立了创新的核心战略定位

从全球范围来看，美国国家创新战略具有体系完备、延续性较强的特点。美国政府分别于 2009 年、2011 年和 2015 年发布了三个版本的国家创新战略。新版国家创新战略首次公布了美国创新生态系统的六个关键要素，包括投资创新基础要素、激发私营部门创新、营造一个创新者的国家、创造高质量就业岗位和持续经济增长、推动国家优先领域突破和建设创新型政府服务大众，在此基础上强调了九大重点支持战略领域：先进制造、精密医疗、大脑计划、先进汽车、智慧城市、清洁能源和节能技术、教育技术、太空探索和计算机新领域，力图确保美国先进制造业在全球的领导地位。

从 2009 年的《美国创新战略：推动可持续增长和高质量就业》（*A Strategy for American Innovation: Driving Towards Sustainable Growth and Quality Jobs*），到 2011 年的《美国创新战略：确保我们的经济增长与繁荣》（*A Strategy For American Innovation: Securing Our Economic Growth and Prosperity*），再到 2015 年的《美国创新新战略》（*New Strategy for American Innovation*），3 版国家创新战略是美国政府对未来科技创新作出的重大决策部署，体现了对国家创新战略顶层设计的高度重视，奠定了创新在美国促进经济增长和赢得未来竞争中的核心战略地位。

7 年间美国创新战略经历了 3 次更新，其战略目标更加明确，战略措施也更为具体，具有 4 个特征：

（1）重视创新要素的投资，包括教育投资、基础研究投资和基础设施投资。

（2）重视为私营部门创造良好环境，不断激发私营部门的创新活动。

（3）重视公共投资在关键领域的推动作用，明确优先发展领域。

（4）创新主体呈现出多元化、大众化的特征，在推动私营部门创新方面提出“打造创新者国家”的新概念，强调发挥全民创新潜力。

（二）英国：重视系统布局国家科研与创新体系

总体而言，英国政府一直比较重视科研与创新政策的制定与实施，注重系统部署国家创新体系。回顾近年来英国的国家创新体系，大体上可分为 3 个阶段：

第一阶段：20 世纪 90 年代至 21 世纪初。英国政府在这一阶段发布了一系列科技政策和科技计划，为英国构建国家创新体系奠定了框架基础。在 1994 年、1998 年、2000 年和 2001 年，政府白皮书均以创新为主题，后来又先后发布了《创新与投资》《在全球经济下竞争：创新挑战》《2004—2014 年科学与创新投资框架》和《从知识中创造价值》等战略文件。此外，英国最高科技决策机构——科学技术委员会也在这一阶段成立。

第二阶段：2008 年至 2015 年左右。2008 年金融危机爆发后，英国经济大幅衰退。为尽快从金融危机的重创中复苏，英国政府对创新和制造业复苏给予了异乎寻常的关注，开始系统部署英国国家创新生态系统，促进制造业和服务业融合。英国商业、能源和产业战略部明确提出，在快速变革的全球经济中，英国的繁荣高度依赖于科学创新和技能提升的数量和质量，英国现代产业经济的核心和知识经济的基础就是科技创新。

为此，英国政府一方面重新分析评估英国的创新体系和创新绩效，另一方面重新审视自身的定位，加强顶层的统筹规划，完善创新体系建设。先后制定了《以增长为目标的创新与研究战略》(*Innovation and Research Strategy for Growth*)《制造业的未来：英国面临的机遇和挑战》（*The Future of Manufacturing: a New Era of Opportunity and Challenge for the UK*）等一系列产业创新发展战略，把科学和创新置于英国长期经济发展计划的核心位置，力图使英国成为全球最适合科技和商业发展的国度。

第三阶段：大致可以认为是从 2016 年至今，也就是英国脱欧公投后。英国政府在该阶段遇到新挑战，开始加大优势领域投入，加快产业创新。

在这一阶段英国政府的两大重要举措不容忽视：

（1）于 2017 年 11 月 27 日，发布了《产业战略：建设适应未来的英国》（*Industrial Strategy: Building a Britain Fit for the Future*）白皮书，在创新方面提出了 3 项量化指标，即到 2027 年，研发经费支出占 GDP 的比重提升至 2.4%；在新设立的产业战略挑战基金项目中投入 7.25 亿英镑，以充分挖掘创新的价值；改善英国的税收体系以支持创新，将研发产业的税收减免比例提高至 12%，旨在把英国建设成为全球最具创新能力的经济体。

（2）在 2017 年，整合了英国现有科研与创新机构的职能，组建国家级科研资助机构——英国研究与创新署（UK Research and Innovation，UKRI），统一管理全国科研和创新。英国研究与创新署是英国最高的科研与创新管理机构，每年掌管 60 亿英镑的科研与创新专项预算，确保政府的研究和创新经费在最大范围内得到最有效的利用。

（三）德国：以高科技战略为纲不断完善国家创新体系

德国一直非常注重科技创新。从 20 世纪 70 年代开始，联邦政府就出台了一系列促进科技创新的战略规划和配套政策，这些科技政策的战略目标也由开始的追求经济合理化逐渐转为社会价值合理化，一并构成了德国的国家创新战略。例如，早在1972年，德国就成立了联邦研究技术部，以实施政府对科技工作的宏观调控。1977年，德国研发支出占国内生产总值的比重已经达到2.3%，总量仅次于苏、美位居世界第三。2004年，德国政府规定马普学会、亥姆霍兹联合会、弗劳恩霍夫协会、莱布尼兹科学联合会等大型研究协会的研究经费每年保持至少3%的增长。

总体看来，德国的国家创新战略体系延续性较好，基本上以高科技战略为总纲，每隔4年发布一份高科技战略实施计划，统筹从基础研究到应用全程，凝聚各领域和各部门的研究与创新成果，同步出台相应的配套政策和行动计划，最终形成系统化的创新网络布局。截至目前，德国分别于2006年、2010年、2014年和2018年发布了4份高科技战略，每一个新版本都是对前一个版本的延续和完善。高科技战略经过数年的执行，实施效果显著。

2006年，联邦政府首次发布第一个全国性的《德国高科技战略》（*High-tech Strategy for German*），提出到2009年，政府的高技术投资额将达到146亿欧元，重点支持17个高技术领域的研发。

2010年，德国发布《德国高科技战略2020：思想·创新·增长》（*2020 High-tech Strategy for German: ldea, Innovation, Growth*），战略重点不仅局限于关注具有市场发展潜力的具体科学技术，而且从国家整体层面涵盖了德国联邦政府各部门的研究和创新促进措施。这一版的高科技战略提出到2015年，研发经费支出在国内生产总值中的比重要提高到3%，确立了11项未来研究项目。

上述战略发布后，德国于2012年推出了《高科技战略行动计划》，计划在2012—2015年投资约84亿欧元，以支持该战略所提出的11项未来研究项目。而目前已广为人知的德国“工业4.0”战略是联邦政府在2013年发布的，旨在支持德国工业领域新一代革命性技术的研发与创新。

2014年，德国发布《新高科技战略——为德国而创新》，引入更多新主题和资助模式，提出要把德国建设成为为全球创新的领导者。该战略包括5个核心要素：关乎价值创造和生活质量的优先“未来课题”、网络化和成果转化、增强经济界的创新活力、创造新友好的框架条件、提高透明度与公众参与，以及6项优先发展任务：数字经济与社会、可持续经济与能源、创新工作环境、健康生活、智能交通、公民安全，并提出了“一揽子”创新政策用于促进制造业发展。

2018年，德国政府《高科技战略2025》（*High-tech Strategy 2025*）在联邦

内阁通过并发布。作为德国未来高技术发展的指导方针和德国政府为继续促进研究和创新而确定的战略框架，新一轮高科技战略明确了德国未来 7 年研究和创新政策的跨部门任务、目标和重点领域，以“为人研究和创新”为主题，将研究和创新更多地与国家繁荣发展目标，即可持续发展和持续提升生活质量相结合。通过实施新一轮高科技战略，德国政府的新目标是，到 2025 年全社会研发投入占国内生产总值的 3.5%，以进一步稳固德国研究和创新世界强国地位。

第二节　我国制造业创新发展情况

经过多年的发展，我国制造业的创新活动在产业发展和参与国际竞争中发挥了积极作用，制造业创新体系建设取得显著进展：企业研发主体建设成效显著，自主创新能力显著增强，创新载体建设不断加强，产学研融合不断深化，创新创业环境明显改善。

一、发展现状

（一）科技创新能力持续提升

经过多年积累，我国创新实力大幅提升，在创新的投入和产出方面均进入世界前列。2017 年全社会研发投入达到 1.76 万亿元，比上年增加 1929.4 亿元，同比增长 12.3%，增速较上年提高 1.7 个百分点，研发投入强度达到 2.13%，比上年提高 0.02 个百分点。2017 年，我国发明专利申请量为 138.2 万件，同比增长 14.2%。共授权发明专利 42.0 万件，其中，国内发明专利授权 32.7 万件，同比增长 8.2%。发明专利授权量的快速增长，显示我国创新主体的创新水平不断上升。

（二）重点领域关键核心技术取得突破

经过多年努力，我国逐步掌握了一批关键技术。在一些核心领域，已经从跟跑者变为同行者，甚至领跑者。超超临界燃煤发电、特高压输变电、杂交水稻、海水稻等技术世界领先，移动通信、语音识别、新能源汽车、第三代核电“华龙一号”、掘进装备等技术跻身世界前列，集成电路、C919大型客机、高档数控机床、大型船舶装备等制造技术加快追赶国际先进水平，龙门五轴机床、8 万吨模锻压力机等装备填补多项国内空白，自主研发的人工智能深度学习芯片实现商业化应用，核心技术掌控能力显著增强。我国国家科技重大专项取得重大进展。例如，核心电子器件专项、高端通用芯片及基础软件产品专项、新一代宽带无线移动通信网专项、高端数控机床与基础制造装备专项、航空发动机及燃气轮机专项等科技重大专项在关键核心领域取得了一系列振奋人心的重要成果。支撑装备核心电子器件自主保障率从不足 30%提升到 85%以上。超算 CPU 双精度浮点峰值运算速度达到 3 万亿次/秒。我国主导的 TD-LTE 4G 国际标准已在世界范围大规模应用，我国提出的 5G 新型网络架构等新技术也纳入国际标准，移动通信完成“2G 跟随、3G 突破、4G 同步”的跨越，有望实现“5G 引领”。2008—2017 年我国研发经费投入总量、增长率及研发投入强度情况见图 1-1。

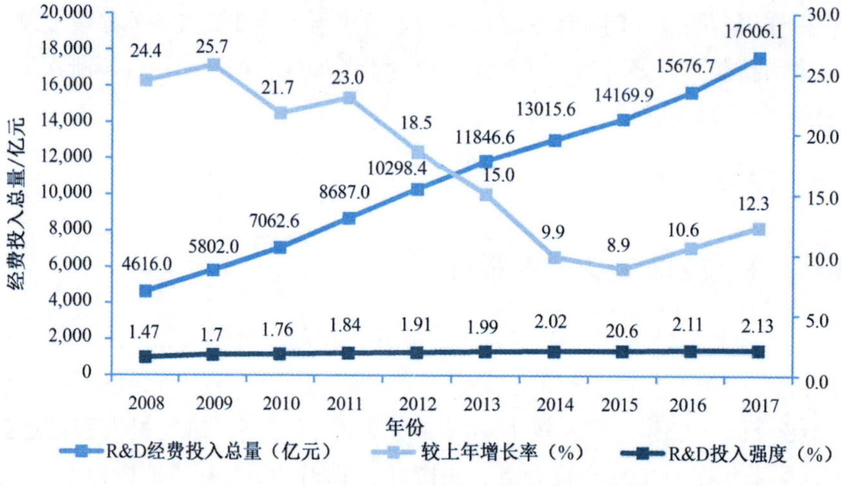

图 1-1　2008—2017 年我国研发经费投入总量、增长率及研发投入强度情况

（数据来源：2008—2017 年全国科技经费投入统计公报）

（三）企业创新主体地位进一步加强

企业作为技术创新的主体，研发投入占全国研发投入的比重较大，持续保持在 75%左右。近年来，企业 R&D（研究与开发）经费支出逐年增长，从 2008 年的 3381.7 亿元增长到 2017 年的 13464.9 亿元，占全国研发经费总量的 76.5%，研发投入增长态势良好。企业研发主体建设成效明显，规模以上工业企业建立的研发机构数量大幅增长，如图 1-2 和图 1-3 所示，企业办 R&D 机构数由 2008 年的 17555 个增至 2017 年的 82667 个，规模以上工业企业开展研发活动的企业比例由 2008 年的 6.2%提高到 2017 年的 27.4%。

图 1-2　规模以上工业企业有研发机构企业与有研发活动占比情况

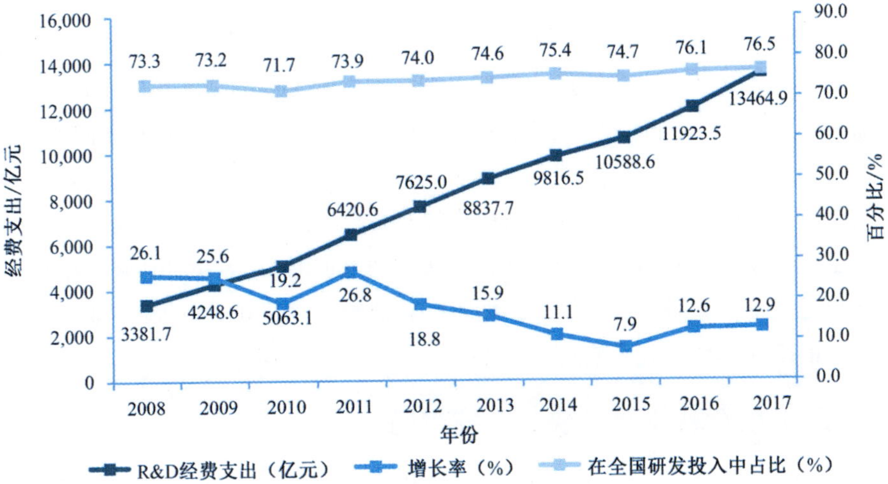

图 1-3　2008—2017 年我国企业 R&D 经费支出、增长率与占全国研发投入比例

（数据来源：2009—2018 年中国统计年鉴）

（四）创新载体建设不断完善

自 20 世纪 80 年代开始，我国建设了一大批制造业创新载体。截至 2015 年年底，科技部牵头建设了 481 个国家重点实验室、478 家国家工程技术研究中心，发展和改革委员会牵头建设了 158 个国家工程实验室、132 家国家工程研究中心、1187 家国家认定企业技术中心，教育部牵头建设了 38 家 2011 协同创新中心等创新载体。这些创新载体在增强我国技术创新能力，促进科技成果向生产力转化，缩短成果转化的周期等方面发挥了重要作用。2016 年，工业和信息化部启动制造业创新中心建设，目前已经建成 13 家国家级制造业创新中心，培育认定了 107 家省级制造业创新中心。

二、存在问题

（一）创新链与产业链融合不够

当前我国制造业大而不强，科技与经济的关系结合不紧密，科技成果转化不畅，创新资源碎片化和产业协同创新体系尚不完善。长期以来，我国科技管理条块化分割，科技创新资源投入相对分散，科技资金分散，这在一定程度上造成各领域科技资源碎片化，资源配置的短缺与重复现象并存；同时，创新活动分散导致了难以形成创新链，科技成果也无法与产业链其他环节的技术匹配衔接，进而影响科技成果的产业化。2017 年，我国科技进步对经济增长的贡献率为 57.5%，与发达国家 70%左右的水平差距较大。我国科技创新对产业发展的贡献不足，主要原因在于产业共性关键技术供给主体的缺失和产学研合作不够紧密。一方面，由于评价机制、利益导向不同，企业、高校、科研院所等各创新主体之间难以建立有效的合作机制，产学研协同创新和深度融合不够，大量的创新成果停留在论文、专利阶段，没有转化为现实生产力，创新链上研发与产业化环节出现脱节；另一方面，技术市场发展滞后，高校和科研院所更倾向于自己设立公司进行成果转化，而不是转让给相关企业进行推广应用，对产业发展的带动作用造成影响。

（二）创新载体建设缺乏系统布局

自 20 世纪 80 年代以来，我国现有的国家工程研究中心、国家工程技术研究中心、国家重点实验室、国家工程实验室等创新载体位于“技术产生—扩散—首次商业化—产业化”创新链条上的不同位置，造成创新链脱节断裂问题，创新过程中的“孤岛现象”显现，难以形成创新合力，导致一些重点领域迟迟无法实现整体突破发展。近几年，新一轮创新资源分散现象已经开始显现。2016 年以来，工业和信息化部、科技部、国家发展改革委相继出台了《制造业创新中心建设工程实施指南（2016—2020 年）》《国家技术创新中心建设工作指引》《国家产业创新中心建设工作指引（试行）》等文件，分别计划在“十三五”期间建设 15 家国家制造业创新中心、20 家国家技术创新中心及若干家国家产业创新中心。这 3 类新型创新载体都聚焦于产业前沿、共性技术研发和转移，职能定位存在交叉重叠，存在资源投入分散、重复等现象。并且，现有创新载体缺乏合作机制，无法发挥整合资源、协同创新的枢纽作用，以至于各自形成创新的“闭路循环”。

（三）关键核心技术受制于人

目前，我国制造业创新能力还不够强，在许多领域都存在明显短板，不仅传统产业中基础元器件、基础零部件、工业母机依赖进口，而且工业机器人、芯片、操作系统、基础软件、航空发动机、高端医疗器械、新材料等新兴产业领域被国外企业垄断。工业和信息化部对 30 多家大型企业 130 多种关键基础材料调研结果显示，32%的关键材料在我国仍为空白，52%的关键材料依赖进口，绝大多数计算机和服务器通用处理器、95%的高端专用芯片、70%以上智能终端处理器及绝大多数存储芯片依赖进口。在装备制造领域，运载火箭、大飞机、航空发动机、汽车等关键零部件精加工生产线上 95%以上制造及检测设备（如高档数控机床、高档装备仪器等）都依赖进口，与发达国家有存在明显的差距。

（四）制造业创新生态环境有待优化

制造业企业在激烈的市场竞争中获得生存与发展，离不开技术与管理等创新，创新的程度和效率与创新生态环境密切相关。目前，我国企业的创新主体作用仍发挥不够，特别是科技型小微企业的创新潜力未得到充分发挥，主要表现为鼓励支持创新的政策落实不到位，财政科技资金使用效率不高；知识产权和标准等创新竞争工具的作用尚未充分发挥，企业有效运用知识产权和技术标准参与市场竞争的能力尚显不足；促进制造业协同创新的各类行业性公共服务平台建设仍不足；支持创新的文化氛围和制度环境还未真正形成，亟待为这些企业创造良好的创新生态环境。

面临上述困境，我国亟须打造新型创新链，实现由引进技术为主向自主创新为主的转变；打造新型产业链，实现由单项技术产品攻关向全要素汇聚的产业链转变；打造创新生态系统，实现由关注单一企业局部创新、环境改善，向重视营造产业跨界、协同创新环境转变。加快构建能够承担从技术开发、转移扩散到首次商业化的新型制造业创新平台，完善制造业创新体系，推动科技创新、模式创新、管理创新、业态创新、机制创新等全面创新，塑造我国制造业国际竞争新优势，为制造强国建设提供有力支撑。

第二章

制造业创新中心建设要求

第一节　定位功能

国家制造业创新中心是国家级创新平台的一种形式，面向制造业创新发展的重大需求，突出协同创新取向，充分利用现有创新资源和载体，由企业、科研院所、高等学校、行业组织等各类创新主体自愿组合、自主结合，以独立法人形式建立的新型创新载体。

《制造业创新中心建设工程实施指南（2016—2020 年）》（以下简称《实施指南》）提出了制造业创新中心建设应主要具备以下五项功能：

（1）加强产业前沿和共性关键技术研发。面向制约制造业发展的技术瓶颈，发挥创新中心在前沿技术和共性关键技术供给中的核心载体作用，重点解决产业发展中产业共性技术供给不足问题。

（2）促进技术转移扩散和首次商业化应用。通过打通技术研发、转移扩散和产业化链条，形成以市场化机制为核心的成果转移扩散机制，加快推进科技成果的转移扩散和商业化应用，提升科技创新对工业发展的战略支撑。

（3）加强制造业创新人才队伍建设。制造业创新创造的关键在于人才，以制造业创新中心为载体，通过推动校企合作、建立实训基地、开展学徒制试点示范等活动，为制造业发展提供多层次创新人才。

（4）提供制造业创新的公共服务。瞄准促进制造业创新的各类行业性公共服务平台建设不足的问题，为企业提供研发试验、检验检测、测试认证和技术转移等公共服务支持企业创新发展，支撑制造业实现大众创业万众创新。

（5）积极开展国际交流与合作。国家制造业创新中心将是我国与德国、美国等发达国家交流合作的桥梁，通过项目合作、高水平技术和团队引进、联合研发、联合共建等形式，促进行业共性技术水平提升和产业发展。

第二节　重点任务

《实施指南》提出了创新中心的定位功能，《关于完善制造业创新体系，推进制造业创新中心建设的指导意见》（以下简称《指导意见》）进一步要求创新中心要整合创新资源，建立共享机制，发挥溢出效应，打通“技术开发—转移扩散—首次商业化应用”的创新链条，形成制造业创新驱动、大中小企业协同发展的新格局，具体包括8大重点任务：

（1）开展产业前沿及共性关键技术研发，突破产业链关键技术屏障和共性技术供给瓶颈，支撑产业发展。

（2）建立产学研协同创新机制，依托现有或新组建的产业技术创新联盟，形成成果共享、风险共担的产学研协同创新机制。

（3）加强知识产权保护运用，建立知识产权管理制度，加强关键核心技术和基础共性技术知识产权战略储备。

（4）促进科技成果商业化应用，探索建立以市场化机制为核心的成果转移扩散机制。

（5）强化标准引领和保障作用，组建标准推进联盟，研制关键技术标准，主导和参与国际标准制定。

（6）服务大众创业万众创新，利用“互联网+”，为企业提供信息服务，加速创意孵化和技术成果产业化。

（7）打造多层次人才队伍，建立和完善人才培训服务体系，为制造业发展提供多层次创新人才。

（8）鼓励开展国际合作，加强国际科技创新信息的跟踪、收集、分析，通过多种形式开展联合研发。

第三节　建设目标

制造业创新中心包括国家制造业创新中心和省级制造业创新中心。《实施指南》和《指导意见》先后对制造业创新中心的建设提出了具体目标。对于国家制造业创新中心，到2020年，形成15家左右国家制造业创新中心；到2025年，形成40家左右国家制造业创新中心。对于省级制造业创新中心，《指导意见》进一步提出在有条件、综合实力较强的地方，建成一批省级/区域制造业创新中心，作为国家制造业创新中心的支撑和补充。通过建设国家制造业创新中心和省级制造业创新中心，形成以两级创新中心为核心节点的多层次、网络化制造业创新体系，突破重点领域共性关键技术，加速科技成果商业化和产业化，优化制造业创新生态环境，提升国家制造业创新能力。

第四节 建设布局

国家制造业创新中心建设要求高标准、唯一性，按照要求每个领域内只建设 1 家国家制造业创新中心，最大程度汇聚创新资源、瞄准改变行业竞争规则的新技术、新产业、新模式和新业态，重点突破行业共性关键技术。

《省级制造业创新中心升级为国家级制造业创新中心条件》（以下简称《升级条件》）明确了国家制造业创新中心建设领域，提出了 22 个未来创新中心重点建设升级的领域，具体如下：

（1）战略必争领域，包括新一代信息光电子、印刷及柔性显示、机器人、轻量化材料及成型技术与装备、燃气轮机、高档数控机床、稀土功能材料、传感器、集成电路先进工艺、工业信息安全、先进复合材料等领域。

（2）竞争优势领域，包括智能语音、石墨烯、深远海海洋工程装备等领域。

（3）深化两化融合领域，包括数字化设计与制造、智能网联汽车、工业云制造、工业大数据等领域。

（4）民生保障领域，包括高性能医疗器械、资源循环利用、医药高端制剂与绿色制药、先进功能纤维等领域。

第五节 组织运行

创新中心建设过程，要重点把握组建模式和运行机制。

在组建模式方面，创新中心要求以“公司+联盟”的形式组建，创新中心依托公司应建立现代企业制度，有责权明晰的董事会和经营管理团队，实现企业化运行。同时，创新中心要建立技术专家委员会作为内部咨询机构。技术专家委员会由来自学术界、企业界和政府委派的专家组成，负责研判行业发展重大问题并筛选确定研究方向。

在运行机制方面，创新中心应充分发挥各类主体作用，通过内部管理制度建设，明确各类主体的责权利，形成产学研用协同的创新机制。创新中心要完善机制建设，特别是要建立市场化运营、成果转移扩散、知识产权协同运用等机制，通过机制建设，实现自负盈亏、自我发展。

第六节　如何升级

在《升级条件》文件中，从总体要求、集聚行业资源、自我发展能力、引领行业发展、成果转化共享及自身影响力 6 个方面分别提出了省级制造业创新中心升级为国家制造业创新中心的具体要求。

在总体要求方面，明确了制造业创新中心建设的布局，定位和目标：

（1）创新中心建设领域应符合国家制造业创新中心建设领域总体布局要求，也就是 22 个重点领域。

（2）创新中心应面向制造业创新发展的重大需求，突出协同创新取向，符合《实施指南》有关要求。

（3）创新中心应以重点领域关键共性技术的研发供给、转移扩散和首次商业化为目标。

在集聚行业资源方面，明确了创新中心的组建方式和运行机制。一是创新中心是“公司+联盟”形式组建的法人实体，其依托公司应是面向行业，由本领域骨干企业及产业链上下游单位以资本为纽带组成的独立企业法人，股东中应包括若干家在本领域排名前 10 的企业；联盟应充分汇聚本领域各类创新主体，并覆盖本领域50%以上的国家级创新平台。二是创新中心应建立现代企业制度，实现企业化运行，明确各类主体的责权利，形成产学研用协同的创新机制。

在自我发展能力方面，规定创新中心应具备自我可持续发展能力，拥有自我造血能力。一是创新中心的股东投资应满足基本运行需要，建设运营过程中，应按市场化运行，并已与社会资本有密切合作。二是创新中心通过技术成果转化、企业孵化、企业委托研发、检测检验和为行业提供公共服务等方式获得稳定收入。

在引领行业发展方面，明确了对创新中心自身技术水平及发挥行业引领作用的要求。一是创新中心内设专家委员会负责研判行业发展重大问题并筛选确定研究方向，专家委员会主任应由行业领军专家担任；创新中心依托公司应有固定的研发队伍，从事研发和相关技术创新活动的科技人员占企业职工总数的比例不低于 50%；创新中心的年度研发费用总额占成本费用支出总额的比例应不低于 30%。二是创新中心已在专家委员会的指导下，制定出明确的技术路线图；创新中心组织本领域国内外企业、高校、研究机构共同实施技术路线图。

在成果转化共享方面，明确了对创新中心成果转化、资源共享和国际合作的要求。一是创新中心已建立知识产权制度，根据前期投入比例享受相应的知识产权收益；应拥有科学合理的成果转化机制和专利许可转让制度，已向企业尤其是中小企业或通过自行孵化企业，实现至少 1 项共性技术的转移扩散。二是创新中心要实现与成员单位间的资源开放共享；已成为本领域具有一定影响的技术创新平台，具有与创新中心成员以外的单位开展技术合作的业绩。三是创新中心应与国外高校、科研机构或企业有开展技术交流或合作的基础。

在自身影响力方面，明确了创新中心须运行稳定且在本领域具有一定权威或影响力。创新中心应运行一段时间，运行稳定且对本领域产业技术创新做出重大贡献、发挥重大作用、形成重大影响，方可提出升级为国家创新中心的申请。

第七节　考核评估

为进一步指导国家制造业创新中心建设，加强对已有国家创新中心的考核评估，2018 年 6 月工业和信息化部印发了《国家制造业创新中心考核评估办法（暂行）》（以下简称《考评办法》）。《考评办法》提出了对已建成运行满 1 年的国家制造业创新中心，每年进行考核，每 3 年进行评估。同时规定了工业和信息化部科技司会同有关司局负责考评工作的组织实施，包括确定参评创新中心名单、选择和委托第三方机构开展评估工作、确定专家组人员、对考评结果的处理等。

一、考评内容

《考评办法》明确了对创新中心进行考评的具体内容，主要包括创新中心的建设情况和运行情况。一是建设情况，重点考评创新中心按照建设方案提出的建设目标，主要包括中试孵化、测试验证、行业支撑服务等方面建设的情况。二是运行情况，重点考评创新中心涉及创新资源、核心定位、协同化、市场化、产业化和可持续发展 6 个方面的情况。

在创新资源方面，主要考评创新中心研发队伍建设和研发资金投入情况，特别是创新中心拥有本领域院士或行业领军专家情况、从事研发和相关技术创新活动的科技人员占企业职工总数的比例及年度研发费用总额占成本费用支出总额的比例情况。

在核心定位方面，主要考评创新中心面向行业关键共性技术取得突破的情况，主要包括创新中心按照建设方案中明确的技术目标取得关键共性技术突破情况，以及新增专利申请数量；创新中心围绕行业共性技术需求，自主或合作开展技术创新活动、承担所在领域的国家级项目的情况。这要求制造业创新中心在建设和发展过程中，要把握创新中心关键共性技术研发的核心定位，加快补齐核心领域关键共性技术缺失的短板。

在协同化方面，主要考评创新中心汇聚本领域创新资源的情况。主要包括创新中心聚集本领域各类创新主体的情况，包括用户在内的企业、科研院所、高校等；创新中心聚集本领域内国家级创新平台的情况；创新中心对成员单位现有的仪器、设备等资源共享利用的情况。在考评指标中，提出了创新中心联盟成员要包含企业、科研院所、高校等各类创新载体，并且要覆盖超过 50%本领域的国家级创新平台，和《升级条件》中有关要求相吻合。

在市场化方面，主要考评创新中心是否拥有市场化的组织架构。主要包括考评创新中心依托公司的股东所占市场份额是否超过 50%或是否包括 5 家以上本领域排名前 10 的企业；考评股东中是否包括金融机构或社会资本等情况。

在产业化方面，主要考评创新中心成果转移转化的辐射带动能力建设情况。包括 3 个要点：创新中心围绕行业共性技术建设中试线或中试条件的情况；创新中心实现共性技术转移扩散情况，要求创新中心实现 1 项及以上本领域共性技术的转移扩散；创新中心主持或参与制定本领域国际标准、国家标准、行业标准和团体标准的情况。

在可持续发展方面，主要考评创新中心可持续发展能力。主要包括创新中心通过技术成果转化、委托研发和为行业提供技术服务等方式获得收入的情况，是否已实现盈利及盈利再投入研发的情况；创新中心建立市场化运营、成果转移扩散、知识产权协同运用等机制的情况；创新中心在研发方向、人才梯队培养、行业服务、能力建设、国际合作等方面是否制定了规划并有明确目标。

二、考评程序

考评程序部分，将考评分为初评、现场考察和综合评议 3 个阶段，明确了第三方机构和专家组的任务。在初评阶段，专家组通过审阅考评材料，听取创新中心情况汇报，开展初步评议。在现场考察阶段，专家组开展现场考察，实地考察创新中心建设和运行情况。在综合评议阶段，专家组根据初步评议和现场考察情况进行综合评议，提出专家组评议意见。

三、考评结果

考评结果部分，主要对考评报告、考评结果和结果处理等作出规定。其中，考评报告由第三方机构根据专家组评议意见提出，考评报告包括对创新中心建设运行情况的分析，对考评工作进行的总结，以及意见和建议。

考评结果分为优秀、良好、合格、不合格 4 类。对考评结果为优秀的创新中心，工业和信息化部将予以奖励。考评结果为不合格的创新中心整改期为 1 年，期满后由工业和信息化部组织专家现场检查整改结果。

第三章

制造业创新中心五大政策

第一节　制造业创新中心建设工程实施指南（2016—2020 年）

为深入落实创新驱动发展战略，贯彻落实制造强国战略，组织实施好制造业创新中心建设工程，加快完善制造业创新体系，全面提升制造业创新能力，特制订本指南。

一、背景

（一）全球制造业发生深刻变革

制造业是技术创新最活跃的领域。当前，新一轮科技革命和产业变革愈行愈近、蓄势待发，信息技术、新能源、新材料、生物技术等重要领域和前沿方向的革命性突破不断涌现，交叉融合。云计算、大数据、物联网、移动互联网等新一代信息技术与制造业的深度融合，带来制造模式、生产方式、产业形态和产业分工格局不断变革。全球制造业创新体系也随之转变：创新载体从单个企业向跨领域多主体协同创新网络转变，创新流程从线性链式向协同并行转变，创新模式由单一技术创新向技术创新与商业模式创新相结合转变。以具有跨界、融合、协同特征的新型创新载体为核心的全球制造业创新生态系统正在形成。

为顺应全球制造业创新体系和创新模式的一系列变革，发达国家着眼于全面提升制造业核心竞争力，抢占未来竞争制高点，加快建设新型制造业创新载体。例如，美国积极构建制造业创新网络，英国加紧建设“产业技术创新中心”，上述举措都是力图弥补技术创新与产业发展之间的断层，促进实验室技术向实际产品转移转化。这些计划强调构建以新型创新载体为关键节点的协同创新网络，积极构建制造业创新生态系统。我国应深刻洞察这一变革趋势，将创新中心建设提升到国家战略的高度上，避免进一步拉大与发达国家已有的差距，防止在未来竞争中处于被动地位。

（二）我国制造业站上新的历史起点

经过半个多世纪的发展，我国已经建成了门类齐全、独立完整的制造业体系，积累了较强的产品和技术基础，已成为全球第一制造业大国，制造业创新也取得了积极进展。但传统的制造业创新体系已难以适应经济社会发展需要，亟须实现 3 个深刻的转变：

（1）打造新型创新链，实现由技术引进向自主创新的转变。技术引进是后发国家在工业化中前期实现追赶发展的主要途径。国际经验表明，进入工业化后期，必须扬弃这种发展模式，构建满足产业内生发展需求的技术供给体系。我国制造业要在未来全球竞争中抢占制高点，依靠过去的技术“引进模式”难以实现。我国应顺应全球产业变革的趋势，加紧打造制造业高水平新型创新载体，丰富和拓展技术创新链，弥补创新链各环节之间的脱节与断层，形成技术自主创新的机制，解决制造业核心技术供给不足的问题。

（2）打造新型产业链，实现由单项技术产品攻关向全要素汇聚的产业链转变。全球竞争正由产品竞争转向产业链竞争，基于全产业链的创新要素整合能力决定了制造业整体竞争力水平。我国长期以来存在比较严重的“技术孤岛”现象，创新资源要素在产业链各环节上的多头部署和分散投入，导致一些重点领域迟迟无法实现整体突破发展。通过构建新型创新载体，整体谋划、协同部署各类创新资源要素，集聚整合已有单项技术成果，围绕产业链部署创新链，围绕创新链完善资金链，最终形成产业链系统突破的格局。

（3）打造创新生态系统，实现由关注单一企业局部创新环境改善向重视营造产业跨界协同创新环境转变。我国制造业创新过去长期遵循从部署科研项目到技术研发突破，再到产品产业创新的线性模式，这一模式已难以支撑技术和产业跨界融合发展的新需求。亟须打造涵盖技术、人才、平台、政策及国际合作等要素互动融合的制造业创新生态系统，营造创新文化氛围，发挥已有各类创新载体的作用，打破单元、组织、区域和行业的界限，形成高水平、有特色的制造业协同创新网络和平台，塑造我国制造业国际竞争新优势。

（三）建设新型创新载体任务紧迫而艰巨

自新中国成立尤其是改革开放以来，我国制造业解决了“大”的问题，但“不强”的问题仍十分突出，其根源在于创新能力不强，突出表现为对外技术依存度高、关键核心技术受制于人、产业共性技术供给不足、创新成果产业化不畅等。造成这些问题的主要原因包括缺乏实现实验室技术向产品技术转移的创新平台和中试系统，产业共性技术供给体系缺失，以及产业发展的基础材料、基础工艺、技术基础较为薄弱等。实现制造业由大变强，是我国制造业面临的全新历史性任务。要应对这一挑战，关键靠创新，难点也在创新。建设新型创新载体，构建全新的制造业创新生态网络，是全面提升制造业持续竞争力的重要途径。

面向制造业创新发展的重大需求，我国要积极借鉴发达国家的战略部署和成功经验，以创新中心建设为途径，打通技术、组织、商业、资本之间的分割与壁垒，整合重组各类创新资源和主体，推动机制创新、模式创新和管理创新，构建能够承担从技术开发、转移扩散到首次商业化的新型制造业创新平台。

二、总体要求

（一）总体考虑

贯彻落实制造强国战略，坚持创新驱动，以增强产业技术创新能力为目标，以制造业转型升级、培育发展新动力的重大需求为导向，以集成优化创新资源配置为核心，以建立健全产学研用协同机制为手段，汇聚整合企业、科研院所、高校等的资源及优势，突出协同配合，加强国际合作，打造贯穿创新链、产业链的制造业创新生态系统，全面提升我国制造业竞争能力。攻克解决一批制约行业发展的共性关键技术瓶颈，转化推广一批先进适用技术和标准，积累储备一批核心技术知识产权，建设发展一批产业共性关键技术的研发应用基地，培养造就一批技术创新领军人才，加快形成发展的新动力，为推动中国制造由大变强提供战略支撑。

（二）基本原则

市场主导和政府引导相结合。发挥市场在资源配置中的决定性作用，强化企业的创新主体地位，完善市场化运作机制。更好地发挥政府的作用，推进体制机制改革，搭建创新服务平台，完善政策支持体系，营造有利于创新的生态系统。

技术创新和社会资本相结合。创新产融结合方式，引入多元化投资机制，发挥金融资本和产业资本助推器作用。面向制约制造业发展的技术瓶颈，发挥创新中心在前沿技术和共性关键技术供给中的核心载体作用，加快推进科技成果的转移扩散和商业化应用。

资源整合与人才发展相结合。围绕制造业技术研发、成果转移和商业化应用各环节的重大需求，聚集整合创新资源，打造政产学研用紧密结合的协同创新载体。建立灵活的人才培育与管理机制，加快培养制造业发展急需的高端研发人才、专业技术人才、经营管理人才、技术技能人才，培育企业家精神，营造支持鼓励人才创新创业的氛围。

自主创新与开放合作相结合。增强制造业自主创新能力，通过打造创新链，完善产业链，培育创新生态系统，提高制造业技术创新水平，形成制造业持续创新能力。积极利用和整合全球创新资源和成果，加强技术人才的国际交流，提高国际创新合作水平。

（三）定位与功能

1. 定位

国家制造业创新中心是国家级创新平台的一种形式，是由企业、科研院所、高校等各类创新主体自愿组合、自主结合，以企业为主体，以独立法人形式建立的新型创新载体；是面向制造业创新发展的重大需求，突出协同创新取向，以重点领域前沿技术和共性关键技术的研发供给、转移扩散和首次商业化为重点，充分利用现有创新资源和载体，完成“技术开发—转移扩散—首次商业化应用”的创新链条各环节的活动，打造跨界协同的创新生态系统。这种新型创新载体具有以下特征：

（1）制造业创新生态系统的网络组织。通过在重点领域部署建设创新中心，形成以创新中心为核心节点的创新生态网络，支撑国家制造业创新体系建设，为行业发展提供前沿和共性关键技术的研发扩散和首次商业化服务。

（2）制造业创新资源的整合枢纽。集聚整合包括科研基础设施、大型科研仪器、科技工程数据、知识产权、科技文献，以及人才、技术、标准、信息、资本等在内的各类创新资源和要素，重点开展制造业前沿技术和共性关键技术研发，推动技术成果转移扩散和首次商业化，面向行业、企业提供公共技术服务。

（3）制造业创新服务的公共平台。创新中心辐射重点行业内的企业和各类机构，提供从技术委托研发、测试认证、标准制定、专利运用、成果评估、应用推广、企业孵化到信息服务、人才培训、项目融资等一系列公共服务。

（4）制造业创新人才的培育基地。创新中心建立产学研用紧密结合的人才培养机制，加强制造业创新型人才培养和企业家精神培育，积极开展国际化人才交流与合作培养，发挥示范、辐射和带动作用，加强制造业政策研究，充分发挥创新人才对产业发展的带动作用，形成制造业升级智库。

2. 功能

（1）加强产业前沿和共性关键技术研发。面向战略必争的重点领域，开展前沿技术研发及转化扩散，强化知识产权战略储备与布局，突破产业链关键技术屏障，支撑产业发展。面向优势产业发展需求，开展共性关键技术和跨行业融合性技术研发，突破产业发展的共性技术供给瓶颈，带动产业转型升级。

（2）促进技术转移扩散和首次商业化应用。打通技术研发、转移扩散和产业化链条，形成以市场化机制为核心的成果转移扩散机制。通过孵化企业、种子项目融资等方式，将创新成果快速引入生产系统和市场，加快创新成果大规模商用进程。

（3）加强制造业创新人才队伍建设。集聚培养高水平领军人才与创新团队，开展人才引进、人才培养、人才培训、人才交流，建设人才培训服务体系，为制造业发展提供多层次创新人才。

（4）提供制造业创新的公共服务。提供技术委托研发、标准研制和试验验证、知识产权协同运用、检验检测、企业孵化、人员培训、市场信息服务、可行性研究、项目评价等公共服务。

（5）积极开展国际交流与合作。广泛开展国际合作，积极跟踪国际发展前沿，通过项目合作、高水平技术和团队引进、联合研发、联合共建等形式，促进行业共性技术水平提升和产业发展。探索国际创新合作新模式。

（四）创建方式

充分发挥企业、科研院所、高校、行业组织的主体性和积极性，紧紧围绕制造强国战略确定的10大重点领域，兼顾制造业转型升级需求，聚焦京津冀协同发展、长江经济带等国家重大战略，加强顶层设计，统筹考虑现有科技资源，以企业为主体，依托已有产业技术联盟，或引导鼓励企业、科研院所、高校，尤其是转制院所，自愿选择自主结合，构建各类产业技术联盟，发挥各自优势，整合相关资源，探索机制和模式创新，创建创新中心。

同时，发挥地方政府积极性，在有条件、地方综合实力较强的省市，鼓励开展制造业创新中心建设。

（五）管理和运行

创新中心在国家制造强国建设领导小组的指导下，按照定位要求，建立健全法人治理结构，探索高效协同创新模式。

1. 组织结构

根据参与成员和所在行业特征，创新中心的组织结构由参与创建的各成员单位协商决定，采取企业法人等形式。创新中心经营活动自主决策，实现自负盈亏、自我发展。

2. 运行机制

创新中心按照责权明确、科学管理的模式运行。创新中心自主决策、自我管理。

（1）建立科学的决策机制。创新中心决策机构的成员应具有广泛代表性，包含来自成员单位的代表、具有独立身份的产业界和科技界杰出人士，负责制定创新中心长期发展战略、投融资决策、人事、基本建设等重大事项。

（2）建立技术专家委员会作为内部咨询机构。技术专家委员会由来自学术界、企业界和政府委派的专家组成，负责研判行业发展重大问题并筛选确定研究方向。

3. 经营机制

创新中心根据市场需求，自主开展各类经营活动。主要的形式是吸收集聚成员单位等各方面的创新资源和科研成果，自主开展技术研发或接受企业委托开展技术研发，将成果及时辐射给行业，向企业尤其是中小企业源源不断地提供前沿技术、共性技术和新工艺、新设备、新知识。创新中心建立利益共享、风险共担的有效机制。

4. 协同模式

采取网络化科研模式，利用互联网、云计算、大数据等新一代信息技术，建设覆盖成员单位的科研创新网络平台，实现多学科、跨领域、跨地区的技术创新，优势互补、资源开放共享，充分发挥创新资源合理配置的协同优势，提升持续创新能力。

（六）评估

评估是加强创新中心管理、总结经验、发现问题、促进创新中心健康发展的重要管理环节。创新中心主要从以下方面综合评估：技术成果数量及质量、技术成果转移扩散和产业化、对行业发展的支撑作用、人才队伍建设及开展国际合作的情况等。在具体指标中，突出可量化的委托研发合同数量及金额、技术市场交易额、孵化企业数量等市场效益衡量指标。加强评估结果的使用管理，结合评估情况进一步规范和完善创新中心建设体系。

（七）建设目标

按照统筹设计、阶段实施、突出重点、政策协同的要求，逐步推进创新中心建设工程，力争到2025年前后形成比较完善的、能够支撑制造强国建设的制造业创新体系。

（1）第一个阶段：2016—2020年

到2020年，国家制造业创新体系核心初具规模。在部分重点领域建成创新中心，掌握一批重点领域前沿技术和共性关键技术，行业共性关键技术供给机制初步形成，部分战略必争领域实现与发达国家同步发展，优势领域竞争力进一步增强，为我国基本实现工业化，进一步巩固制造业大国地位提供有力支撑。

（2）第二个阶段：2021—2025年

到2025年，进一步完善国家制造业创新体系。在制造强国战略中确定的新一代信息技术、高档数控机床和机器人、航空航天装备、海洋工程装备及高技术船舶、先进轨道交通装备、节能与新能源汽车、电力装备、农机装备、新材料、生物医药及高性能医疗器械10大重点领域，形成一批创新中心。在创新中心支撑下，制造业整体素质大幅提升，创新能力显著增强，劳动生产率明显提高，形成一批具有较强国际竞争力的跨国公司和产业集群，在全球产业分工和价值链中的地位明显提升。

三、组织实施

在国家制造强国建设领导小组领导下，工业和信息化部牵头实施创新中心建设工程，负责组织创新中心试点和创建工作，制定和完善创新中心组织试点、认定、评估考核等有关程序和内容。

（一）组织试点

在相关重点领域先行开展试点工作，经过 2～3 年的试点运行，重点探索内部组织机制、运营管理模式和投融资方式，对运行效果进行评估考核，总结经验，完善制度，逐步推广。

（二）认定

创新中心认定包括两大原则：

（1）优先考虑制造业创新发展急需的重点行业领域。

（2）按照“高起点、有特色”的标准，宁缺毋滥，支持具有良好技术创新基础、具备良好体制和运行机制、具有广泛影响力的创新中心建设。

创新中心的认定分为专家评审、现场考察、认定批准等环节。由工业和信息化部组织建立制造业创新中心专家组，成员包括来自经济、技术、产业、管理、法律等领域的专家，对创新中心进行论证考察。

认定程序主要包括以下环节：

（1）由工业和信息化部明确创新中心设立的领域、条件和时间、应准备的有关材料等。

（2）创新中心创建单位按照要求制定创新中心创建和运行方案，报送材料。

（三）评估考核

创新中心设立后，工业和信息化部将对创新中心组织年度评估和定期（三年一次）考核。

评估内容是创新中心提交的运行发展报告和定量指标与定性指标的完成情况等。考核依据为三年内的各年度评估报告。评估考核内容可根据每个创新中心的功能定位有所侧重。

四、保障措施

（一）加强统筹协调和组织领导

在国家制造强国建设领导小组的领导下，加强创新中心顶层设计，强化各部委工作组织协调，加强资源整合共享，形成工作合力，推进创新中心建设工程的实施。设立制造业创新中心建设工程专家咨询委员会，为创新中心组建提供咨询服务，支持创新中心开展阶段性考核评估。

（二）建立多元化融资渠道

探索采取企业主导、多方协同、多元投资、成果分享的新模式，构建多元化融资渠道。创新中心成员单位按照约定，通过入股或缴纳会员费的方式投入。鼓励社会资本利用股权投资等多种形式参与创新中心建设。创新中心所在地的地方政府也要积极支持创新中心基本建设。

（三）加大资金支持

利用现有资金渠道，重点支持技术创新基础设施和公共实验平台建设、中试生产线及设备、产业共性技术开发和标准制定、人才培养和引进等。鼓励银行在风险可控条件下加大对创新中心的信贷支持力度。研究发行支持创新中心直接融资的创新债券品种。

（四）加大财税政策支持

落实支持创新的税收优惠政策。创新中心首次商业化的技术装备列入《首台（套）重大技术装备推广应用指导目录》的，通过首台（套）重大技术装备保险补偿政策，支持应用推广。对涉及科技研发相关内容，如确需中央财政支持的，应通过优化整合后的中央财政科技计划（专项、基金等）统筹考虑予以支持。

（五）加强人才培养和引进

依托已有的教育资源，建立健全制造业人才培养体系，支持相关高校设立课程、学科或专业。利用国家相关人才计划，引进海外制造业高端领军人才和专业团队。建立和完善人才激励机制，落实科研人员科研成果转化的股权、期权激励和奖励等收益分配政策。

（六）鼓励参与国际合作

推进开放创新，加强创新中心在更高的层次上与全球创新要素深度融合。用开放的视野，促进创新中心和产业链的融合，加强对国际科技合作项目的跟踪，鼓励创新中心对境外创新资源的并购，融入全球知识生产链，与国际同行开展实质性研发与创新合作。

第二节　关于完善制造业创新体系，推进制造业创新中心建设的指导意见

为深入实施制造强国战略，加快完善制造业创新体系，根据工业和信息化部、国家发展改革委、科技部、财政部联合印发的《制造业创新中心建设工程实施指南（2016—2020 年）》（以下简称《实施指南》），现就推进制造业创新中心建设提出以下意见：

一、重要意义

创新是制造业发展的“源动力”和“主引擎”。当前，我国产业创新能力不强，关键核心技术受制于人、产业共性技术供给不足、创新成果产业化不畅的问题依然存在，现有的制造业创新体系已难以适应经济社会发展需要，亟须在发挥已有各类创新载体作用的基础上，围绕产业链部署创新链，围绕创新链完善资金链，瞄准制造业发展薄弱环节，打造高水平有特色的国家制造业创新平台和网络，形成以制造业创新中心为核心节点的制造业创新体系，推动我国制造业向价值链中高端跃升，为制造强国建设提供有力支撑。

二、总体思路和主要目标

（一）总体思路

坚持把创新摆在制造业发展全局的核心位置，按照制造强国战略部署，围绕制造业创新发展的核心任务，有效发挥市场主导作用和政府引导作用，按照“一案一例一策”方式，统筹推进国家制造业创新中心和省级制造业创新中心建设，汇聚创新资源，建立共享机制，发挥溢出效应，打通“技术开发—转移扩散—首次商业化应用”的创新链条，进一步完善以企业为主体、市场为导向、产学研相结合的制造业创新体系，形成制造业创新驱动、大中小企业协同发展的新格局，切实提高制造业创新能力，推动我国制造业由大变强。

（二）主要目标

国家制造业创新平台包括国家制造业创新中心和省级制造业创新中心。按照制造强国战略和《实施指南》总体部署和要求，围绕重点行业转型升级和新

一代信息技术、智能制造、增材制造、新材料、生物医药等领域创新发展的重大共性需求，建设一批制造业创新中心。到2020年，形成15家左右国家制造业创新中心；到2025年，形成40家左右国家制造业创新中心。在有条件、综合实力较强的地方，建成一批省级/区域制造业创新中心，作为国家制造业创新中心的支撑和补充。

通过突破重点领域共性关键技术，加速科技成果商业化和产业化，优化制造业创新生态环境，形成以国家制造业创新中心和省级制造业创新中心为核心节点的多层次、网络化制造业创新体系，显著提升国家制造业创新能力。

三、基本原则

（一）政府引导，统筹布局

加强顶层设计和总体布局，发挥政府的引导作用。充分调动中央和地方积极性，统筹协调国家制造业创新中心和省级制造业创新中心建设。

（二）市场导向，共同建设

充分发挥市场在资源配置中的决定性作用，由具有行业领先地位的企业、高校、科研院所等自愿组合，自主决策，实现可持续发展。

（三）因地制宜，差异发展

探索有效建设模式，针对各地产业发展状况、创新环境和创新资源特点，实现差异化发展，切忌一哄而上，避免重复建设。

（四）试点先行，有序推进

以国家新型工业化产业示范基地、国家高新技术产业开发区等创新资源集聚区域为依托开展试点，有序推进制造业创新中心建设。

四、总体部署

围绕制造强国战略重点领域，每个领域布局1家国家制造业创新中心，形成支撑国家制造业创新体系的核心节点。国家制造业创新中心应汇聚该领域国内主要创新资源，主要解决面向行业的共性技术，以企业为主体，产学研用相结合，采用企业法人等形式组建，探索并完善运行机制，形成内生发展动力。

重点产业集聚的省市可选择优势领域建设省级制造业创新中心，打造区域制造业创新平台。省级制造业创新中心应汇聚区域创新资源，探索多种产学研协同组建模式，其牵头组建单位一般应是具有业界影响力的企业，以资本为纽带，联合具有较强研发能力的高校、具有行业领先地位的科研院所或能够整合区域服务的产业园区平台共同组建。省级制造业创新中心应围绕区域性重大技术需求，探索实现多元化投资、多样化模式和市场化运作，打造新型研发机构。

对于聚焦事关制造业发展全局的重点领域的省级制造业创新中心，符合《实施指南》要求、能够整合国内本领域创新资源、运行稳定并可持续发展、在本领域形成较强影响力时，经制造业创新中心建设工程专家组审核通过后，可升级为国家制造业创新中心。

五、主要任务

（一）开展产业前沿及共性关键技术研发

面向战略必争的重点领域，开展前沿技术研发及转化扩散，突破产业链关键技术屏障，支撑产业发展。面向优势产业发展需求，开展共性关键技术和跨行业融合性技术研发，突破产业发展的共性技术供给瓶颈，带动产业转型升级。

（二）建立产学研协同创新机制

整合各类创新资源，依托现有或新组建的产业技术创新联盟，发挥行业骨干企业主导作用、中小企业协同配套作用、高校科研院所技术支撑基础作用、行业中介组织的保障服务作用，形成联合开发、优势互补、成果共享、风险共担的产学研协同创新机制。

（三）加强知识产权保护运用

建立完善的知识产权管理制度，在制造业创新中心成员间形成知识产权协同创造、联合运营和收益共享。加强关键核心技术和基础共性技术知识产权战略储备，形成战略前瞻布局。加强知识保护，支撑和保障制造业创新发展。

（四）促进科技成果商业化应用

建立以市场化机制为核心的成果转移扩散机制，通过孵化企业、种子项目融资等方式，推动科技成果首次商业化应用和产业化。探索采取股权、期权激励和奖励等多种方式，鼓励科技人员积极转化科技成果。

（五）强化标准引领和保障作用

围绕重点领域组建标准推进联盟，研制对提升产业竞争力具有重要影响的关键技术标准，通过标准固化创新成果、推动创新成果应用、增强市场信心，促进标准与技术和产业发展的紧密结合。积极参加各类国际标准化活动，主导和参与国际标准制定，增加国际标准话语权，提升我国相关产业的国际竞争力。

（六）服务大众创业万众创新

建立众创空间、新型孵化器等各种形式的平台载体，利用“互联网+”，为企业提供信息服务，加速创意孵化和技术成果产业化。推动互联网企业构建制造业“双创”服务体系，培育“互联网+”制造新模式。加强与各类投资基金合作，拓展创新创业投融资渠道，为企业“双创”提供持续支持。

（七）打造多层次人才队伍

集聚培养高水平领军人才与创新团队，开展人才引进、人才培养、人才培训、人才交流。建立和完善人才培训服务体系，加强专业技术人才和高技能人才队伍建设，把创新精神与企业家精神、工匠精神有机结合起来，为我国制造业发展提供多层次创新人才。

（八）鼓励开展国际合作

加强国际科技创新信息的跟踪、收集、分析，通过人才引进、技术引进、参股并购、专利交叉许可等形式，促进行业共性技术水平提升和产业发展。与全球创新要素深度融合，通过建立联合研发中心或实验基地等，开展联合研发。

六、保障措施

（一）完善部门协同机制

在国家制造强国建设领导小组领导下，强化各部委工作组织协调，形成工作合力，推进制造业创新中心建设工程的实施。组建制造业创新中心建设工程专家组，完善专家组的调研机制、反馈机制和跟踪机制，提高决策的科学性和可行性。充分发挥行业协会的宣传组织和沟通桥梁作用。

（二）加强地方组织实施

加强部省资源统筹协调和交流互动，形成中央和地方上下联动的协同工作机制，共同推进制造业创新中心建设。鼓励地方加强规划布局，因地制宜制定各类优惠政策，探索地方财政的有效支持方式，支持制造业创新中心建设。加强省级制造业创新中心与国家新型工业化产业示范基地、两化融合示范区建设等相关工作的结合，鼓励相关试点示范地区建立有利于制造业创新中心建设的服务体系和政策环境。

（三）加大资金支持力度

对于列入重点培育对象的省级制造业创新中心，争取地方财政资金支持，积极探索中央财政资金的支持方式。制造强国战略中有关工程和国家科技计划项目对国家制造业创新中心和省级制造业创新中心申报项目予以倾斜。

（四）用好税收金融政策

落实制造业与互联网融合发展的增值税优惠政策，加快落实研发费用加计扣除等支持创新的所得税优惠政策。充分发挥各类产业基金的引导作用，鼓励探索打造多元化的融资渠道，调动和增强社会各方力量参与的主动性、积极性，引导社会资本支持制造业创新中心建设。鼓励银行探索支持制造业创新中心建设的金融产品。

（五）强化考核评估和指导落实

完善考核评估机制，对国家制造业创新中心开展阶段性考核评估，对重点培育的省级制造业创新中心，根据阶段发展目标开展考核评估。鼓励地方加大对省级制造业创新中心建设的跟踪、分析和指导。根据产业发展和评估情况，择优支持省级制造业创新中心参与国家制造业创新中心建设。

第三节　省级制造业创新中心升级为国家制造业创新中心条件

为贯彻实施制造强国战略，稳步有序、高标准统筹推进国家制造业创新中心和省级制造业创新中心建设，国家制造业创新中心建设领域总体布局如表 3-1 所示。按照《制造业创新中心建设工程实施指南（2016—2020 年）》和《关于完善制造业创新体系，推进制造业创新中心建设的指导意见》有关要求，对拟升级为国家制造业创新中心的省级制造业创新中心（以下简称创新中心）提出如下条件：

一、创新中心建设领域应符合国家制造业创新中心建设领域总体布局要求。

二、创新中心应面向制造业创新发展的重大需求，突出协同创新取向，符合《实施指南》有关要求。

三、创新中心应以重点领域关键共性技术的研发供给、转移扩散和首次商业化为目标。

四、创新中心组建应符合的条件：

（一）创新中心应是企业法人形态，采取“公司+联盟”等模式运行。

（二）创新中心的依托公司应是面向行业，由本领域骨干企业及产业链上下游单位以资本为纽带组成的独立企业法人，股东中应包括若干家在本领域排名前 10 的企业。

（三）创新中心的联盟应汇聚全国范围内，包括用户在内的企业、科研院所、高校等各类创新主体，并覆盖 50%以上本领域的国家重点实验室、国家工程实验室、国家工程技术中心、国家工程研究中心等国家级创新平台。

五、创新中心应建立高效、协同的运行机制。

（一）创新中心依托公司应建立现代企业制度，有责权明晰的董事会和经营管理团队，实现企业化运行。

（二）创新中心应充分发挥各类主体作用，通过内部管理制度建设，明确各类主体的责权利，形成产学研用协同的创新机制。

六、创新中心应具备自我可持续发展能力。

（一）创新中心的股东投资应满足基本运行需要，建设运营过程中，应按市场化运行，并已与社会资本有密切合作。

（二）创新中心应通过技术成果转化、企业孵化、企业委托研发、检测检验和为行业提供公共服务等方式获得稳定收入。

七、创新中心应拥有代表本领域先进水平的研发力量。

（一）创新中心内设专家委员会负责研判行业发展重大问题并筛选确定研究方向，专家委员会应由行业领军专家担任主任。

（二）创新中心依托公司应有固定的研发队伍，从事研发和相关技术创新活动的科技人员占企业职工总数的比例不低于 50%。

（三）创新中心的年度研发费用总额占成本费用支出总额的比例应不低于 30%。

八、创新中心通过关键共性技术研发，切实发挥行业引领作用。

（一）创新中心已在专家委员会的指导下，按照市场需求，结合行业发展，制定明确的技术路线图。

（二）创新中心组织本领域国内外企业、高校、研究机构共同实施技术路线图，突破制约产业发展的关键共性技术瓶颈。

九、创新中心应建有市场化的知识产权与技术成果转化机制。

（一）创新中心已建立知识产权创造、运用、管理制度，根据前期投入比例享受相应的知识产权收益。

（二）创新中心拥有科学合理的成果转化机制和专利许可转让制度，已向企业尤其是中小企业或通过自行孵化企业，实现至少 1 项共性技术的转移扩散。

十、创新中心应是资源开放共享的平台。

（一）创新中心充分发挥现有资源优势，实现与成员单位间的资源开放共享，具备持续提升创新水平的能力。

（二）创新中心已成为本领域具有一定影响的技术创新平台，具有与创新中心成员以外的单位开展技术合作的业绩。

十一、创新中心应有与国外知名高校、科研机构或企业开展技术交流或合作的基础。

十二、创新中心应运行一段时间，运行稳定且对本领域产业技术创新做出重大贡献、发挥重大作用、形成重大影响，方可提出升级为国家制造业创新中心的申请。

表 3-1 国家制造业创新中心建设领域总体布局

序号	领域名称	技术难点
1	新一代信息光电子	重点围绕“互联网+”、宽带中国、智能制造、智慧城市、信息安全、海洋强国等国家战略新兴光电子应用领域所需的高端光电子芯片制造与先进集成封装，从材料、芯片、封装测试、器件应用研发 4 个方面，突破高端光电子芯片和器件制造的关键技术瓶颈
2	印刷及柔性显示	重点围绕印刷有机发光二极管（OLED）技术开发中的材料、工艺需求及定制相关研发设备，重点突破下一代显示技术，提升柔性器件在材料寿命、驱动、亮度、彩色化和柔性等方面性能，加强技术转化能力，加快产业化进程
3	机器人	重点围绕人工智能、感知与识别、机构与驱动、控制与交互等方面开展基础和共性关键技术研究；重点突破机器人专用摆线针轮减速器、谐波减速器、高速高性能机器人控制器、伺服驱动器、高精度机器人专用伺服电机和传感器等关键零部件；重点攻克整机技术、零部件技术、集成应用技术等关键共性技术；深入开展在高端制造业、医疗健康、公共安全、航空航天、交通运输、电力电子、石油化工等领域的机器人应用研究
4	轻量化材料及成型技术与装备	重点围绕新型铝合金、镁合金、钛合金、高强/超高强钢及复合材料等轻量化材料的工程化应用，重点攻克面向未来的轻量化材料设计开发、轻量化材料成型设计与仿真技术、轻量化材料先进成型与连接技术、轻量化结构安全可靠性评价技术，产品生命周期管理技术等
5	燃气轮机	重点突破重型燃气轮机整机设计、热端部件材料与工艺、燃烧室加工制造及工艺、透平部件制造与工艺（透平轮盘）、高温叶片制造与工艺等方面技术
6	高档数控机床	重点攻克正向精度设计、刚度设计、多体结构设计等设计分析技术，低应力装配技术、数字化工艺优化技术、轻量化结构技术等制造工艺技术，高精度轴承、导轨、检测元件零部件技术等基础元器件相关技术，高精度、多轴数控系统的开发等控制技术，疲劳失效控制技术、精度保持性技术等可靠性技术，空间误差补偿、热特性的控制、超精密技术等精度技术，高速切削、难加工材料切削、增材制造、绿色制造等新应用技术，特殊刀具材料技术、润滑技术、结构件材料等材料技术，隔振技术、温度控制技术等配套条件技术
7	稀土功能材料	重点围绕稀土资源绿色高效采选、冶炼分离、综合利用等新技术和重点装备研发，稀土数字化矿山、冶炼分离智能工厂等稀土工业两化融合专用系统开发，稀土功能材料基因组工程研究计划、稀土功能及结构材料基础科学研究和前沿技术研究，高端稀土永磁、催化、储氢、发光、功能晶体、抛光等功能材料及其元器件和零部件开发
8	传感器	重点攻克基于微机电系统（MEMS）制造工艺的传感器设计集成技术、先进制造及封测工艺，加强与标准互补金属氧化物半导体（CMOS）工艺结合，提升传感器的精度、可靠性和稳定性；突破传感器无线通信技术、传感器信号处理技术、传感器可靠性设计与试验技术、传感器精密制造与检测技术、光器件关键共性技术等；加快布局基于新结构、新材料和新原理的传感器，发展检测技术

续表

序号	领域名称	技术难点
9	集成电路先进工艺	重点突破 16/14 纳米工艺关键共性技术，布局 10/7 纳米工艺，面向 5/3 纳米工艺，建立地址数据（IP）工艺库，验证开发国产关键装备与材料
10	工业信息安全	重点突破工业信息安全威胁感知关键技术、制造业与互联网融合发展中的信息安全纵深防护技术、工业信息安全威胁情报共享技术、工业控制系统多维度隐患筛查技术、大型技术装备信息安全质量保障技术和智能制造供应链信息安全保障技术
11	先进复合材料	重点围绕纤维增强聚合物复合材料制造技术，重点突破高性能碳纤维及其复合材料、高性能对位芳纶纤维及其复合材料和其他高性能纤维及其复合材料；重点攻克高强纤维制造技术、国产高强中模及高模高强碳纤维制造技术、碳纤维复合材料低成本设计和制造技术等
12	智能语音	重点突破语音合成、语音识别、语义理解、声学前端处理等核心技术，发展语音大数据处理和类人智能系统技术，建设语音云交互服务平台并面向社会开放提供语音应用开发能力，开发智能终端、智能家电、汽车电子、语音教育、智能客服、信息安全等领域的应用技术和解决方案
13	石墨烯	重点攻克石墨烯材料标准化、系列化、低成本化制备的关键共性技术；打通石墨烯改性涂料、电极材料、橡胶制品、触点材料等代表性应用的产业化技术路径，组织首批次应用示范；突破基于石墨烯薄膜的光电器件、发热元件、检测元件（传感器）和集成电路等新产品的核心制备技术，展示首台（套）原理样机
14	深远海海洋工程装备	重点围绕深远海海工装备设计制造基础共性技术研究、重大战略性产品研发和技术攻关、钻井系统、深水系泊系统、水下生产系统等关键系统和设备研发及试验验证、首台（套）产品示范应用等
15	数字化设计与制造	重点突破汽车、航空飞行器、火箭、航空发动机等精密、复杂大型零件的数字化设计与制造一体化、轻量化集成工艺技术
16	智能网联汽车	重点突破智能网联汽车新型体系架构及设计、人-车-环境系统综合态势感知、高精度地图与定位、人工智能与类人驾驶决策方法、人机共驾与交互、系统集成控制及执行装置等技术瓶颈，促进 4G/LTE-V/5G、大数据/云控平台、信息安全等技术与智能网联汽车的融合，推动该类汽车操作系统、芯片、智能系统装置等核心部件总成的自主研发和产业化能力
17	工业云制造	重点突破智慧工业云制造总体技术、基于泛在网络的智能工业软硬件云端接入与共享技术、基于软件定义制造（SDM）的制造全过程协同云服务技术、工业大数据驱动的智慧企业创新工程技术、面向未来计算的智慧工业云领域应用技术等
18	工业大数据	重点突破支持工业数据采集、存贮、查询、分析、展现的大数据平台技术、数字孪生体技术、工业数据精益分析方法、工具和系统及工业大数据在制造全生命周期的应用技术等

续表

序号	领域名称	技术难点
19	高性能医疗器械	重点突破包括可靠性分析、计算机模拟、软硬件和机械的可靠性测试技术、电磁相容相关技术等；研究健康互联网标准体系，分层次、分步骤建立相关标准，建立必要的测试与测试方法的技术条件；建立与管理健康数据库，基于大数据技术的分析技术及健康管理行为指导标准；研究适用于 3D 打印技术的可植入材料及修饰技术，碳纳米与石墨烯医用材料技术；研究用于个性化制造的全面解决方案，包括检测、计算机辅助设计与制造技术等
20	资源循环利用	重点围绕尾矿等工业固废的高附加值利用、固废协同处置及产品评价技术；重点突破选矿药剂及装备，膏体尾矿干式堆存、尾矿高浓度充填自动化控制、高浓度尾矿胶结充填采矿等固废利用关键技术装备，工业锅炉、电机系统、余能回收利用等相关节能技术装备，大气污染防治、水污染防治、土壤污染防治等相关环保技术装备；攻克多种共伴生有价组分综合回收利用等高效尾矿回收技术、煤矸石资源化利用技术、工业废渣低成本利用技术等
21	医药高端制剂与绿色制药	重点解决新型缓控释制剂、纳米制剂、吸入给药制剂及吸入装置开发、生物降解性高端辅料制备、高端制剂 3D 打印、抗体药物大规模制备等制约高端制剂产业化的共性关键技术，提高药物安全性、有效性和顺应性
22	先进功能纤维	重点突破高端产业用纺织品、功能纺织新材料、生物基化学纤维等；重点攻克碳纤维、对位芳纶、聚酰亚胺等及其复合材料设计、加工、制造一体化技术，产业用纺织品织造、非织造成型技术、多工艺复合技术、功能化后整理技术，高效柔性化纤维材料制备技术，阻燃、高舒适性等功能材料设计、制备及纺织染整技术，生物二元醇产业化及应用技术，纤维素溶解、溶剂回收等新型纤维素纤维关键技术

第四节　国家制造业创新中心考核评估办法（暂行）

第一章　总　则

第一条　为加快建设制造强国，促进国家制造业创新中心（以下简称创新中心）健康发展，规范开展创新中心考核评估（以下简称考评）工作，根据《关于完善制造业创新体系，推进制造业创新中心建设的指导意见》《工业和信息化部办公厅关于印发省级制造业创新中心升级为国家制造业创新中心条件的通知》，特制定本办法。

第二条　考评对象是已运行满一年的创新中心。考评分为年度考核与定期评估，年度考核每年进行一次，定期评估一般三年进行一次，评估当年不进行考核。

第三条　工业和信息化部科技司会同有关司局负责考评工作的组织实施，

包括确定参评创新中心名单、选择和委托第三方机构开展评估工作、确定专家组人员、对考评结果的处理等。

第四条　第三方机构应具备组织实施考评工作的条件，能够按照本办法客观公正地开展工作。其主要职责是拟定考评实施方案、组织专家开展考评、提交考评报告。

第五条　考评专家组（以下简称专家组）由熟悉创新中心工作的技术、管理、财务等领域的专家组成。

第二章　考评内容

第六条　创新中心考评内容主要包括建设情况和运行情况。

第七条　建设情况主要考评创新中心按照建设方案提出的建设目标，主要包括中试孵化、测试验证、行业支撑服务等方面建设的情况。

第八条　运行情况的考评内容主要包括 6 个方面，分别是创新中心的研发力量、共性技术突破、产学研协同、突出市场导向、成果转移转化和可持续发展能力。

第九条　创新资源重点考评创新中心研发队伍建设和研发资金投入情况。主要是

（一）创新中心拥有固定研发队伍和本领域行业技术领军专家的情况，以及从事研发和相关技术创新活动的科技人员占企业职工总数的比例。

（二）创新中心研发资金投入的情况，以及年度研发费用总额占成本费用支出总额的比例。

第十条　核心定位重点考评创新中心面向行业关键共性技术取得突破的情况。主要是

（一）创新中心按照建设方案中明确的技术目标取得关键共性技术突破情况，以及新增专利申请数量。

（二）创新中心围绕行业共性技术需求，自主或合作开展技术创新活动、承担所在领域的国家级项目的情况。

第十一条　协同化重点考评创新中心汇聚本领域创新资源的情况。主要是

（一）创新中心聚集本领域各类创新主体的情况，包括用户在内的企业、科研院所、高校等。

（二）创新中心聚集本领域内国家级创新平台的情况。

（三）创新中心对成员单位现有的仪器、设备等资源共享利用的情况。

第十二条　市场化重点考评创新中心核心成员产品市场占有情况。主要是

（一）创新中心依托公司的股东所占市场份额是否超过 50%，或是否包括 5

家以上本领域排名前10的企业。

（二）创新中心依托公司的股东中是否包括金融机构或社会资本。

第十三条　产业化重点考评创新中心成果转移转化的辐射带动能力建设。主要是

（一）创新中心围绕行业共性技术建设中试线或中试条件的情况。

（二）创新中心实现共性技术转移扩散情况。

（三）创新中心主持或参与制定本领域国际标准、国家标准、行业标准和团体标准的情况。

第十四条　可持续发展重点考评创新中心可持续发展能力。主要是

（一）创新中心通过技术成果转化、委托研发和为行业提供技术服务等方式获得收入的情况，是否已实现盈利及盈利再投入研发的情况。

（二）创新中心建立市场化运营、成果转移扩散、知识产权协同运用等机制的情况。

（三）创新中心在研发方向、人才梯队培养、行业服务、能力建设、国际合作等方面是否制定了规划并有明确目标。

第三章　考评材料

第十五条　考评材料是创新中心考评的重要依据。创新中心在提交的考评材料中必须如实反映相关情况。考评材料中列举的知识产权、技术转让成果、奖励等必须是考评期内取得。

第十六条　考评材料应由创新中心所属省（自治区、直辖市）工业和信息化主管部门审核后，提交工业和信息化部科技司。

第四章　考评程序

第十七条　创新中心考评包括初评、现场考察和综合评议3个阶段。由第三方机构组织专家组完成。

第十八条　初评阶段。专家组通过审阅考评材料，听取创新中心情况汇报，开展初步评议。

第十九条　现场考察阶段。专家组开展现场考察，实地考察创新中心建设和运行情况。

第二十条　综合评议阶段。专家组根据初步评议和现场考察情况进行综合评议，提出专家组评议意见。

第五章　考评结果

第二十一条　根据专家组评议意见，第三方机构提出考评报告，考评报告包括对创新中心建设运行情况的分析，对考评工作进行的总结，以及意见和建议。

第二十二条　创新中心的考评结果分为优秀、良好、合格、不合格 4 类。对考评结果为优秀的创新中心，工业和信息化部将予以奖励。

第二十三条　考评结果为不合格的创新中心整改期为 1 年，期满后由工业和信息化部组织专家现场检查整改结果。工业和信息化部将对检查再次未通过的创新中心予以调整。

第二十四条　创新中心存在弄虚作假、违法违规行为的，按有关法律规定予以处理。

附　则

第二十五条　第三方机构和专家组成员应当严格遵守国家法律法规和保密规定，科学、公正、独立地行使职责和权利。第三方机构和专家组成员不得对外发布相关过程信息，不得收取考评对象任何费用。

第二十六条　本办法自 2018 年 7 月 1 日起施行。

国家制造业创新中心考评指标参考表见表 3-2。

表 3-2　国家制造业创新中心考评指标参考表

一级指标	二级指标	指标权重（分）	指标说明
建设目标完成情况	——	30	创新中心完成建设方案所设定的建设目标，得 30 分；完成部分建设目标，酌情得分
创新资源	创新队伍	5	1. 创新中心拥有固定研发队伍，从事研发和相关技术创新活动的科技人员占企业职工总数的比例超过 50%，得 3 分；未达到 10%，不得分；10%至 50%之间，可按比例得分。 2. 拥有本领域院士或行业领军专家，得 2 分
	创新资金	5	创新中心考评期内研发费用总额占成本费用支出总额的比例超过 30%，得 5 分；研发费用比例小于 10%的，不得分；10%至 30%之间，可按比例得分
核心定位	共性技术	8	1. 按照创新中心建设方案中确定的技术目标取得阶段性进展，酌情得分，最高不超过 6 分。 2. 创新中心有新增专利申请，得 2 分
	创新活动	8	1. 创新中心自主或合作开展技术创新活动、实现本领域共性关键技术突破，酌情得分，最高不超过 4 分。 2. 承担本领域的国家级项目的情况，酌情得分，最高不超过 4 分

续表

一级指标	二级指标	指标权重（分）	指 标 说 明
协同化	资源聚集	8	1. 创新中心联盟成员包含企业、科研院所、高校等各类创新主体，得4分；未包含各类创新主体的，酌情得分。 2. 覆盖超过50%本领域的国家级创新平台（包括国家重点实验室、国家工程实验室、国家工程技术中心、国家工程研究中心等），得4分；未达到50%的，可按比例得分
	资源共享	3	创新中心充分利用现有仪器、设备等资源，与成员单位之间实现资源开放共享，得3分；初步实现仪器、设备等资源开放共享，得1分
市场化	核心成员情况	7	1. 创新中心股东成员所占市场份额超过50%或包括5家以上本领域国内排名前10的企业，得3分；超过要求的，得4分；未达到要求的，不得分。 2. 创新中心股东结构中不存在一股独大的现象，得2分。 3. 有金融机构或社会资本以股东形式参与创新中心建设，得2分
产业化	中试设备	3	创新中心建有中试线或中试条件，得3分；有在建的中试线或中试条件，酌情得分
	成果扩散	4	创新中心已向企业尤其是中小企业或通过自行孵化企业，实现1项及以上本领域共性技术的转移扩散，得4分
	技术标准	4	创新中心作为主要起草单位制定本领域国际标准和先进团体标准的，得4分；作为主要起草单位制定国家标准和行业标准的，得2分
可持续发展	经营情况	9	1. 创新中心开展委托研发、成果转化、技术服务等业务并实现创收，最高得5分。 2. 创新中心考评期内取得盈利，得4分；评估期内基本收支平衡，得2分
	体制机制	3	创新中心建立了市场化运营、成果转移扩散机制、知识产权协同运用机制等，得3分；仅建立部分机制的，酌情得分
	规划目标	3	创新中心在研发方向、人才梯队培养、行业服务、能力建设、国际合作等方面制定了规划的，得3分；仅在部分方面制定规划的，酌情得分

第五节　国家制造业创新中心建设领域总体布局（2018年新增）

国家制造业创新中心建设领域总体布局（2018 年新增）见表 3-3。

表 3-3　国家制造业创新中心建设领域总体布局（2018 年新增）

序号	领域名称	技术难点
1	先进陶瓷材料	重点突破高纯超细陶瓷粉体低成本制造与处理技术；大尺寸薄壁陶瓷复杂构件成型技术；先进陶瓷快速烧结技术与装备开发；先进陶瓷高效精密加工技术等
2	玻璃新材料	重点突破基于玻璃的化学组成设计与结构、工艺、性能本构关系的新型高性能玻璃环保配方；新型玻璃生产热工过程的三维仿真及多相耦合技术；高质量玻璃的高效熔化、复合澄清、强制均化、微缺陷控制技术；满足厚薄差、波纹度等高精度标准的超薄浮法成形技术；三维温度场精密退火技术；玻璃新材料深加工技术（半导体级均匀镀膜、近空间升华、薄玻璃钢化等）；高效硒化炉温度场和流场控制技术；核心装备开发等
3	高性能膜材料	重点突破高性能分离膜规模化关键技术：高分散、高相容和高取向的混合基质膜的制备方法，混合基质型海水淡化膜，纳滤膜、气体分离膜和渗透汽化膜等；高分离精度、高装填密度的陶瓷膜材料和混合导体透氧膜材料、碳化硅膜材料；耐高温聚四氟乙烯膜和中空纤维纳米杂化多层膜材料等
4	高端智能化家用电器	重点突破智能控制、自动感知、云服务、语音识别、手势识别、大数据等智能化技术在家电产品中的集成应用；构建适合家电制造业转型升级所需的技术标准体系，完善围绕家电制造业数字化、智能化制造及产品的各项技术规范；整合优化家电产品的功能、结构、流程、外观、原型等；压缩机、换热器、传感器、微控制单元（MCU）、绝缘栅双极型晶体管（IGBT）、智能功率模块（IPM）等家电核心零部件创新设计和产业化应用；结合家电制造业特征的智能化装备开发等
5	先进印染技术	重点突破高品质印染产品设计、制造技术，包括功能性后整理技术、差别化高性能纤维染整技术、数码喷墨印花技术、织物图案设计和色彩管理系统等；重点突破印染智能制造技术，包括生产工艺参数在线检测控制及生产流程自动化、印染生产制造管理系统（MES）等；重点突破印染生产节能减排技术，包括张力敏感织物连续加工技术、少水无水染整技术、低成本印染废水深度处理及回用技术等
6	农业机械装备	重点攻克动力系统、电控技术、液压驱动、农机集群驾驶、动植物对象识别与监控系统等为代表的关键零部件效能提升和可靠性技术，重点突破智能农机具强化材料、农机控制芯片及精量作业操作系统、高压共轨控制器、静液压控制器、智能传动控制器、分布式动力输出系统等核心零部件，构建新一代智能农机开放标准架构、掌握具有信息获取、智能决策和精准作业能力的技术密集型高端农机产品及其制造技术，开发覆盖九大作物的拖拉机、收获机、植保机等多品种智能农机，开展面向区域特色农业生产模式生产全过程、品种全覆盖智能农机作业示范，为不同地域、不同气候、不作物的农业生产提供成套智能农机装备解决方案

续表

序号	领域名称	技术难点
7	先进轨道交通装备	重点围绕以新型储能技术、储能材料应用、多能源混合驱动及控制系统代表的绿色节能技术；以电力电子牵引变压器、高功率密度的牵引变流直驱式永磁同步传动系代表的高效能牵引传动技术；以智能感知、大数据分析、机器学习代表的智能化关键技术；以变轨系统、多流制式、多网合一代表的互联互通技术；以智能化修程修制、全生命周期的健康管理、能效评价代表的运维服务关键技术；以高寒风沙高速重载条件下的整车系统服役性能、人机系统工程为代表的体系化安全保障技术；以基于空天地一体化的信息传输、车载地震应急协同处置技术等为代表的体系化安全保障技术等关键共性技术，突破技术瓶颈，加强技术转化能力
8	存储器	重点解决目前存储器产业处于起步阶段，DRAM、Flash等主流产品尚未实现量产，技术积累少等问题
9	集成电路特色工艺及封装测试	针对特色制造工艺种类多，与设计结合非常紧密的特点，重点解决技术水平、产品良率、工艺库等存在制约的共性技术，提升封装技术和产品水平
10	半导体关键装备和材料	重点突破光刻机、刻蚀机等关键装备及硅片、光刻胶等关键材料。提高产品的稳定性、一致性、精确性等性能，满足半导体生产需求
11	5G中高频器件	重点突破新型半导体材料及工艺共性关键技术和产业化；基站用中高频功率放大器、滤波器、阵列天线等核心器件产业化关键技术；终端用射频前端、硅基毫米波集成芯片设计关键技术等
12	超高清视频制作技术	重点突破CMOS图像传感器、光学镜头、专业视频芯片等关键器件；超高清摄像机、专业监视器、切换台、超高速在线存储、制作域母版级编解码设备、超高清节目制作网络、IP化视频制播设备、8K转播车、超高清虚拟增强现实演播室、三维全景制作设备等采编播专用设备
13	虚拟现实	重点解决虚拟现实产业近眼显示、感知交互、渲染、处理、内容制作等关键核心技术掌握和高端产品供给不足、内容与服务较为匮乏、创新支撑体系不健全等问题；解决虚拟现实行业应用生态不完善，低端化、无序化发展等问题
14	先进操作系统	重点突破Linux开源系统内核技术，发展虚拟化、分布式处理、多核/众核CPU适配等技术，形成高安全、高可信服务器操作系统，支持大数据、云计算、人工智能等新兴应用；加快开发实时操作系统及高性能实时插件，支持工业控制需求；制订适合汽车硬件配置的车控操作系统行业标准，重点解决面向自动驾驶智能车控操作系统平台

国际篇

第四章

美国制造业创新中心

目前，美国政府已建成美国制造、数字制造与设计创新中心、美国柔性混合电子制造创新中心、未来轻量化材料创新中心等14家创新中心，用于解决基础研究和商业化之间“死亡之谷”问题，以加快科技成果转化和大规模商业化应用。

第一节 美国制造业创新中心的建设思路

一、提出背景

（一）研发基础流失，美国制造业经历明显衰退

从20世纪80年代开始，美国制造业经历了明显衰退，尤其是2000—2010年，共有5900万份制造领域的工作消失，降幅达33.8%。导致美国高科技制造业衰落的主要原因是基础研究和商业化之间出现断层。美国企业在本土保留核心研发、将规模制造外包或外迁的模式，加快了知识的溢出效应，由美国公司巨资开发的技术很容易被海外公司获得，并抢先开发为可商业推广的产品。同时，制造业大规模外迁还造成本地产业链断裂，进而损坏产生创新的基础结构，不少企业的研发部门也随之迁往他国。据一些研究机构估计，美国大约3/4的研发产生于制造业，但过去30年间制造业研发基础的流失和瓦解，已经大大削弱了美国的科技竞争力。

（二）奥巴马政府投资成立国家制造业创新网络

为促进美国制造业科技创新和大规模商业化应用，支持对美国本土制造业

的投资，同时提升美国科技竞争力，2012 年 3 月，奥巴马政府宣布由联邦政府投资 10 亿美元打造 1 个由 15 家全国范围内相互联系的制造业创新中心（Institute for Manufacturing Innovation，IMI）组成的国家制造业创新网络（National Network for Manufacturing Innovation，NNMI）。2014 年，奥巴马又提出，未来 10 年将建立 45 家制造业创新中心，3 倍于他在 2012 年和 2013 年国情咨文中提及的数量。

美国制造业创新中心由政府、产业界和学术界共同创建，由一个独立的、非盈利的机构领导。政府主要致力于基础建设，对公共资金进行监督和管理，为中心总体目标提供建议，并提供适当的监督和政策指导；产业界和学术界则负责决定技术发展方向，发展创新研究，吸引新的产业合作伙伴，设计资产管理计划，争取其他机构资金或实物支持等。

二、功能定位

美国制造业创新中心的定位重点是解决基础研究和商业化之间的“死亡之谷”问题，加快科技成果转化和大规模商业化应用。美国政府在提出国家制造业创新网络（NNMI）建设时，明确表示美国制造业创新中心将作为全球领先的技术和服务的区域性枢纽开展服务，并为当地初创企业和小厂家提供共享设施，帮助其发展新技术，加快技术成果向市场转移，促进跨供应链的技术创新。美国制造业创新中心将作为“教学工厂”开展多层次劳动技能培训，增强中小企业的业务能力。

三、聚焦领域

美国制造业创新中心聚焦于起步阶段及商业化之前的创新，旨在加强介于创新起步阶段的“发现/发明”和商业化之前的“制造业创新/规模化”之间的研发活动，相关技术研发处于在实验室已经可以做出供展示的物件原型和进行小量生产，到规模生产供应市场之间的阶段。聚焦领域集中在以下几个方面：

（1）制造过程，如能有效降低生产成本的增材制造（如标准的细化、材料及设备的制造等）、先进的连接或聚合物的加工工艺等。

（2）先进材料，如低成本的碳纤维复合材料、大型太阳能发电或下一代集成电路所需新型材料的研发。

（3）使能技术（Enabling Technology，使其他工艺能够运行的技术）的研制和开发，如将低成本传感器有效应用到制造工艺的智能制造基础设施和关键技术研究。

（4）产业化环节，如改善医疗设备或材料的生产过程，来提高药品、化学品的安全性和质量，创造新的工具以优化生产过程、控制成本支出，下一代汽车或航空航天制造工艺技术研究等。

四、主要任务

美国制造业创新中心的任务主要集中于研究开发、教育、供应链延伸、扶持中小企业、共用设施五大块。

（1）聚焦应用研究、开发和示范项目，以降低高端制造业发展和应用新技术的成本和风险。

（2）开展各级教育和培训，美国制造业创新中心将评估所需的技能，并提供教育培训机会，包括 K-12 课程、实习机会、技能鉴定、与社区学院和大学合作，以及研究生、博士生等的再培训，以满足技术发展的需求。

（3）发展提高创新能力的方法与实践，推动供应链的延伸和整合能力。

（4）推动中小企业参与美国制造业创新中心，包括帮助企业宣传、提供技术咨询和服务、提供共享设施和专门的设备等。

（5）提供共用基础设施。每一个美国制造业创新中心都将为本地产业发展提供共用设施，特别是中小企业和初创企业。

五、资金来源

采用政府引导的多元渠道投资方式。美国制造业创新中心的资金采用联邦政府投入与配套资金（提供者包括州政府、地方政府、制造企业、研究型大学、社区学院、非盈利机构等）相结合的方式，两部分投资比重要小于1:1。例如，美国制造由联邦政府出资 5500 万美元，非联邦政府机构出资 5500 万美元（计划未来 5 年内投入）；数字制造与设计创新中心由联邦政府出资 7000 万美元，非联邦政府机构出资 1.06 亿美元（计划未来 5 年内投入）。

政府投入资金主要集中在美国制造业创新中心设立的前 5～7 年内，在扶持美国制造业创新中心逐渐发展成熟后，则完全依靠自主筹措资金的方式运转。建立初期，美国制造业创新中心的配套资金支持方式主要是实物产品，如设备和建筑物等。运转成熟后，美国制造业创新中心将凭借会员费、收费服务活动、合同研究或产品试制、知识产权使用费等多种灵活的运作形式来获取收入，维持持续性运转。

第二节　美国制造业创新中心建设现状

一、基本情况

美国政府自 2012 年启动国家制造业创新网络计划［现更名为“制造业-美国”（Manufacturing USA）］以来，已在全国范围内成立了 14 家国家制造业创新中心。分别是美国制造、数字制造和设计创新中心、美国柔性混合电子制造创新中心、面向未来轻量化创新中心、集成光子制造创新中心、电力美国、先进复合材料制造创新中心、美国先进功能纤维制造创新中心、清洁能源智能制造创新中心、化工过程强化应用快速发展创新中心、国家生物制药创新中心、先进组织生物制造创新中心、降低内含能和减少排放创新中心及先进机器人制造创新中心。已成立的 14 家美国制造业创新中心分布见图 4-1。其中，先进机器人制造创新中心是最新成立的，由卡内基梅隆大学（CMU）创立的先进机器人公司筹集超过 2.5 亿美元，其中国防部投资 8000 万美元，联盟投资 1.73 亿美元，地点设置在宾夕法尼亚州的匹兹堡，联盟包括来自工业界、学术界、地方政府和非盈利组织的 231 个利益相关者。

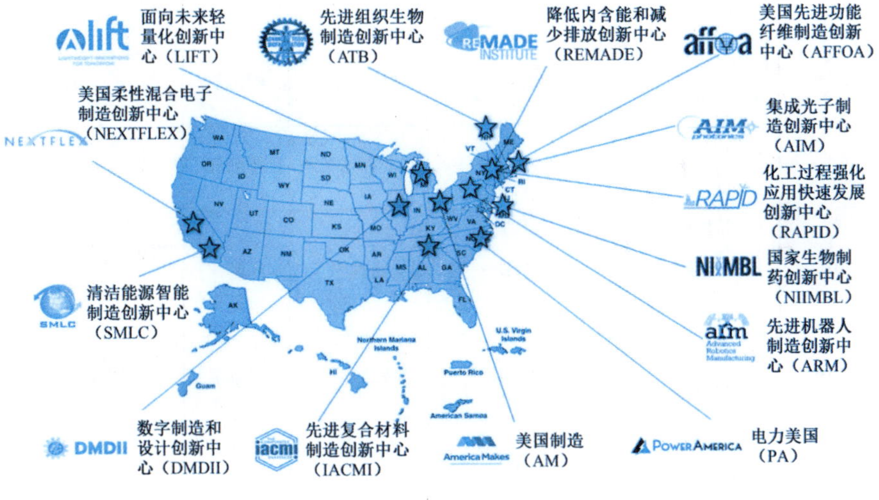

图 4-1　已成立的 14 家美国制造业创新中心分布

（资料来源：赛迪智库根据 https://www.manufacturing.gov/nnmi-institutes 整理）

已成立的美国制造业创新中心基本情况及其使命分别见表 4-1 和表 4-2。

表 4-1　已成立的美国制造业创新中心基本情况

成立年份	名　称	英文简称	地　点	发起单位	主要主持单位
2012	美国制造	AM	俄亥俄州	多部门联合发起	美国国家国防制造与加工中心
2014	面向未来轻量化创新中心	LIFT	密歇根州	国防部	美国轻量化材料制造创新研究院
2014	数字制造和设计创新中心	DMDII	伊利诺伊州	国防部	UI 实验室
2014	电力美国	PA	北卡罗来纳州	能源部	北卡罗来纳州立大学
2015	先进复合材料制造创新中心	IACMI	田纳西州	能源部	田纳西大学
2015	集成光子制造创新中心	AIM	纽约州	国防部	纽约州立大学研究基金会
2015	美国柔性混合电子制造业创新中心	NEXTFLEX	加利福尼亚州	国防部	NEXTFLEX 联盟
2016	美国先进功能纤维制造创新中心	AFFOA	马萨诸塞州	国防部	MIT
2016	清洁能源智能制造创新中心	SMLC	加利福尼亚州	能源部	智能制造领导联盟（SMLC）
2016	化工过程强化应用快速发展创新中心	RAPID	纽约州	能源部	美国化学工程师协会（AIChE）
2016	国家生物制药创新研究中心	NIIMBL	特拉华州	商务部	美国生物有限公司
2016	先进组织生物制造创新中心	ARM	新罕布什尔州	国防部	先进可再生制造研究所
2016	降低内含能和减少排放创新中心	REMADE	纽约州	能源部	可持续制造创新联盟
2017	先进机器人制造创新中心	ARM	宾夕法尼亚州	国防部	先进机器人公司

资料来源：《美国制造业创新研究院》

表 4-2　美国制造业创新中心的使命

名　　称	使　　命
美国制造	加快采用增材制造技术，提升国内制造业竞争力
面向未来轻量化创新中心	针对使用轻质金属的产品，加快开发新型轻质金属制造工艺，包括铝合金、镁合金、钛合金和高强度合金钢
数字制造和设计创新中心	通过充分结合制造企业的数字思路实现美国制造业的转型，从而降低整体制造成本，稳定和发展制造产业基地，并提高美国在全球的竞争力
电力美国	开发先进制造业工艺，支持宽带隙半导体大规模生产。采用这些工艺后，电子件相较于硅半导体，尺寸更小、运行更快、更加节能。通过提高所有采用半导体的器件的效率，包括工业电机、家用电器及军用卫星，帮助重塑美国能源经济
先进复合材料制造创新中心	未来 10 年，先进复合材料制造成本下降 50%，能耗下降 75%，回收率 95%；大幅扩大复合材料使用范围
集成光子制造创新中心	致力于先进集成光电子电路制造技术开发，为中小企业、学术界、政府机构，提供使用最新制造、包装、测试技术；培养集成光子电路人才，以满足行业需求，进一步提升国内竞争力满足参与这一蓬勃发展的技术领域的商业、国防和民间机构的需求
美国柔性混合电子制造业创新中心	推动美国柔性混合电子制造技术高端化
美国先进功能纤维制造创新中心	使得传统的纤维、纱线和织物转变成高度复杂的、集成的、网络化的设备和系统，实现制造业的革命
清洁能源智能制造创新中心	开发无缝制造的范例，通过一个开放的、实时的制造平台，推动产业竞争力
先进机器人制造创新中心	建立美国在智能协作机器人技术上的领先地位
先进组织生物制造创新中心	将引领下一代细胞、组织和器官的修复、替换技术
化工过程强化应用快速发展创新中心	构建在过程强化领域的多样化网络，显著减少能源使用和原材料浪费的创新技术应用研究
国家生物制药创新研究中心	开发更高效的生物制药工艺，提升美国生物医药领域竞争力
降低内含能和减少排放创新中心	显著降低制造关键材料所需能源创新技术的早期应用研究，并通过重点能耗领域材料的回收、重复利用和再制造，促进制造业能效提升

资料来源：赛迪智库根据 https://www.manufacturing.gov/nnmi-institutes 整理

二、组织架构

多部门协调负责。美国制造业创新中心的遴选由美国先进制造业国家项目办公室（Advanced Manufacturing National Program Office，AMNPO）全权负责。AMNPO 隶属于商务部国家标准与技术研究院（NIST），是一个由美国制造业相关的所有联邦机构参与的跨部门机构，现有参与机构包括美国商务部（DOC）、国防部（DOD）、能源部（DOE）、教育部（ED）、国家航空航天局（NASA）、国家科学基金会（NSF）等。AMNPO 向总统行政办公室报告，并由国家科学和技术委员会（National Science and Technology Council，NSTC）管理。

美国制造业创新中心采用政府、产业界、学术界联合治理模式，以董事会或其他管理委员会的形式独立运行。董事会主要由产业界代表组成，负责中心的日常运作。美国制造业创新中心所提出的每一项建议，包括有关业务、会员、知识产权、资本投资、项目选择、资金分配及可持续发展等方面，都应有草案并符合三方利益。

例如，美国制造设有执行委员会、管理委员会、技术咨询委员会等。管理委员会负责技术战略、项目运营指导，由来自会员领导和正式会员的 35 人组成；执行委员会负责长期战略和规划指导，由来自政府、学术界、行业界的 11 人组成；技术咨询委员会由国防部高级研究计划局（DARPA）、能源部、教育部等机构的 16 人组成。具体运营由总监和负责技术发展、技术转移、人才教育培养等的副总监负责。美国制造组织结构图见图 4-2。

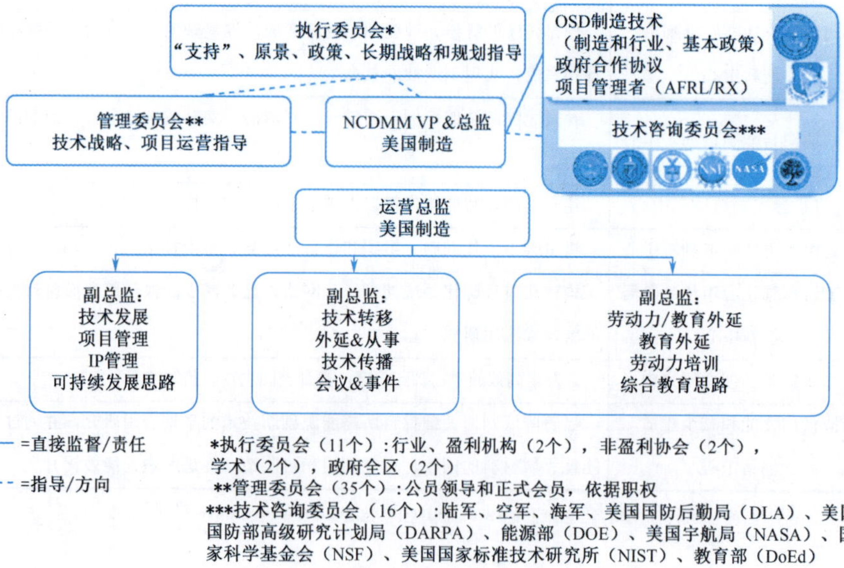

图 4-2　美国制造组织结构图

（资料来源：https://www.americamakes.us）

先进复合材料制造创新中心由董事会直接领导，能源部进行监督指导，技术咨询委员会和经济发展委员会对中心运营、技术方向、项目来源等作出具体指导；下设联络部门、运营部门、技术部门、人事部门和文化部门，分管相应事宜。先进复合材料制造创新中心组织结构图见图 4-3。

集成光子制造创新中心由 AIM 光子领导委员会负责，具体由执行董事负责，下设办公室主任、副执行董事、首席财务官和项目管理董事。副执行董事分管技术创新部门、运营部门、教育和人力部门、政府和行业相关部门和技术审查委员会。集成光子制造创新中心组织结构图见图 4-4。

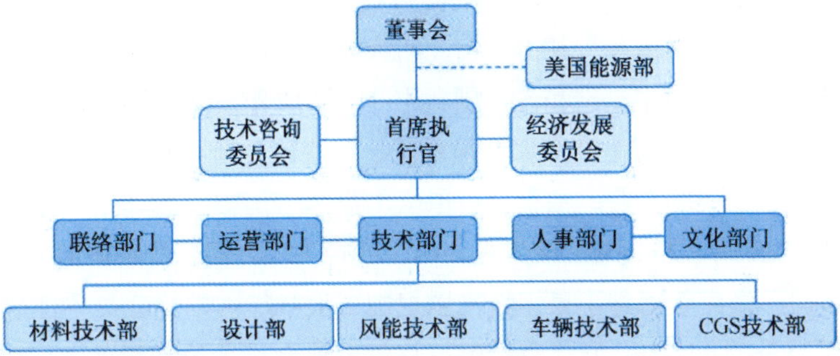

图 4-3　先进复合材料制造创新中心组织结构图

（资料来源： http://iacmi.org）

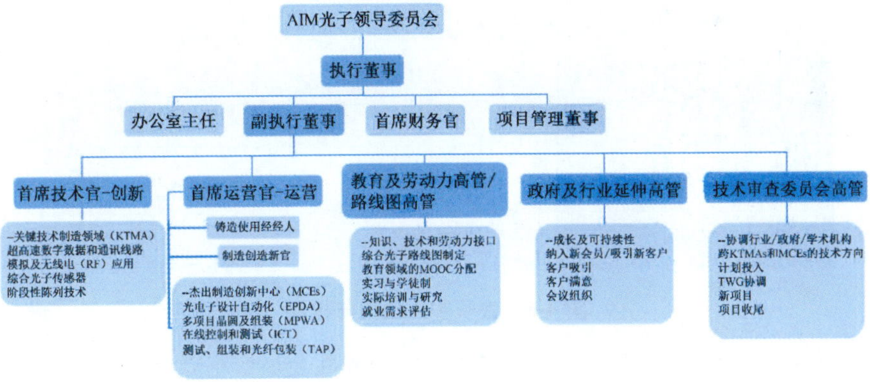

图 4-4　集成光子制造创新中心组织结构图

（资料来源：http://www.aimphotonics.com）

三、会员制度

按缴纳会费及享受权益设立会员级别。美国制造业创新中心一般采用会员制，设有不同级别的会员层级，如金牌会员、银牌会员、铜牌会员等。不同层级的会员所缴纳的会费（或提供设备、人员等冲抵会费）不同，在管理运营、项目决策、知识产权分享、设备使用等方面享受的权利也不同。一般而言，级别越高的会员，缴纳会费越多，享受的权利越大。

按会员类型设立不同的会员制度。美国制造业创新中心的会员往往由多种类型组成，一般包括政府机构（联邦政府机构或地方政府机构）、学术机构/非盈利组织、企业（大中小企业）等。对于不同类型的会员，对应的会员制度不同，所需缴纳的会费、享受的权利也不同。一般而言，相同级别的学术机构/非盈利组织会员比企业会员所需缴纳的会费更少。政府会员一般按协议投资美国制造业创新中心建设运营，并占有相应的管理席位。

以美国制造、数字制造和设计创新中心、集成光子制造创新中心为例。

美国制造目前拥有140多家会员单位，年费总金额670多万美元，其中铂金会员提供了一半的会费。铂金会员单位年费20万美元，包括3D Systems公司、ANSYS公司、Autodesk欧特克公司、波音飞机公司、德勤咨询公司、Grid Logic公司、洛克希德马丁公司、密歇根理工大学等。铂金会员单位数量占总会员单位数量的11.2%，黄金会员单位数量占总会员单位数量的32.2%，银牌会员单位占总会员单位数量的56.6%。图4-5显示了3类会员所需缴纳的年费和相应的权利。

	年　费	免费用于科研	协商用于商业化	免费用于商业化
铂金	$200,000	✔	✔	✔
金牌	$50,000	✔	✔	
银牌	$15,000	✔		

图4-5　会员加入费用与权利

数字制造和设计创新中心采取了一项开放性会员资格政策，旨在鼓励行业、非盈利组织和学术机构的广泛参与。每位新会员将代DMDII向UI实验室缴纳年会费，按照入会的时间按比例缴纳年费，以便能够在会籍年保持声誉良好。这是一个5年承诺。会费（如适用）按年收取。州政府及当地政府缴纳的会费将属于法律批准的出资。表4-3显示了数字制造和设计创新中心会员级别、权利和义务。其中，行业会员分为3级、学术机构/非盈利组织会员分为4级，此外，还包括美国政府会员、州政府及当地政府会员。

表 4-3 数字制造与设计创新中心会员级别、权利和义务

会员级别	权 利	义 务	注 释
1 级行业会员	• 执行委员会席位（每位会员一个） • 按照第八条（知识产权）所述的知识产权 • TAC 席位（每位会员一个）	• 年费为 40 万美元的 5 年承诺 • 至少有 300 万美元的支出用于 5 年以上应支付的企业感兴趣的项目或企业项目（以现金、约当现金或非现金形式）	—
2 级行业会员	• 执行委员会代表（代表所有 2 级行业会员的 2 个席位） • 按照第八条（知识产权）所述的知识产权 • TAC 席位（每位会员一个）	• 年费为 20 万美元的 5 年承诺	—
3 级行业会员	• 执行委员会代表（代表所有 3 级行业会员的 1 个席位） • 按照项目授予协议针对项目参与者的知识产权，正如第八条（知识产权）之规定 • TAC 席位（代表所有 3 级行业会员的 2 个席位）	• 年费为500美元的5年承诺 • 承诺通过 DMDII 进一步推进数字化制造目标 • 承诺在您的组织内培养数字能力和功能	—
1 级学术机构/非盈利组织会员	• 执行委员会席位（每位会员一个） • 按照第八条（知识产权）所述的知识产权 • TAC 席位（每位会员一个）	• 只有在过去 5 年至少支出了 500 万美元才有资格进行费用分摊，从而实现合作协议下的费用分摊义务。在第一年结束后，至少有 1/5 被公认为费用分摊，而在第二年结束后，共有 2/5 被公认为费用分摊，依此类推。未能实现每年的费用分摊义务将需要执行委员会的审核，且可能导致会员级别降级 • 5 年承诺	• 100%承诺必须使其有资格进行费用分摊从而实现合作协议下的费用分摊义务

续表

会员级别	权　利	义　务	注　释
2级学术机构/非盈利组织会员	• 代表所有2级学术/非盈利组织会员的2个执行委员会代表席位，每个代表1个TAC席位 • 按照第八条（知识产权）所述的知识产权	• 只有在过去5年至少支出了200万美元才有资格进行费用分摊从而实现合作协议下的费用分摊义务。在第一年结束后，至少有1/5被公认为费用分摊，而在第二年结束后，共有2/5被公认为费用分摊，依此类推。未能实现每年的费用分摊义务将需要执行委员会的审核，且可能导致会员级别降级 • 5年承诺	• 100%承诺必须使其有资格进行费用分摊，从而实现合作协议下的费用分摊义务
3级学术机构/非盈利组织会员	• 代表所有3级学术/非盈利组织会员的1个执行委员会代表席位 • TAC代表（代表所有3级学术/非盈利组织会员有1个席位）	• 只有在过去5年至少支出了100万美元才有资格进行费用分摊从而实现合作协议下的费用分摊义务在第一年结束后，至少有1/5被公认为费用分摊，而在第二年结束后，共有2/5被公认为费用分摊，依此类推。未能实现每年的费用分摊义务将需要执行委员会的审核，且可能导致会员级别降级 • 5年承诺	• 100%承诺必须使其有资格进行费用分摊，从而实现合作协议下的费用分摊义务
4级学术机构/非盈利组织会员	• TAC代表（代表所有4级学术/非盈利组织会员有1个席位）	• 年费为500美元的5年承诺 • 承诺在您的组织内培养数字能力和功能	• 禁止4级学术合作伙伴竞争聚焦在技术上的企业项目，但是可参与员工发展、教育及培训相关项目
美国政府会员	• 执行委员会代表（一个代表针对的是政府计划管理者及政府计划管理者确定	• 按照合作协议	

续表

会员级别	权　利	义　务	注　释
	其他 3 个席位） • TAC 代表（最多 6 个席位）		
州政府及当地政府会员	• 执行委员会席位（每位会员一个） • 按照第八条（知识产权）所述的知识产权 • TAC 席位（每位会员一个）	• 只有在过去 5 年至少支出了 500 万美元才有资格进行费用分摊从而实现合作协议下的费用分摊义务。在第一年结束后，至少有 1/5 被公认为费用分摊，而在第二年结束后，共有 2/5 被公认为费用分摊，依此类推。未能实现每年的费用分摊义务将需要执行委员会的审核，且可能导致会员级别降级 • 5 年承诺	

资料来源：http://dmdii.uilabs.org/

集成光子制造创新中心将会员分为行业会员和大学/非盈利机构会员。其中，行业会员分为一级、二级、三级和行业观察员，行业观察员每年仅缴纳 2500 美元会费，可获得机构每年的信息新闻，参加机构年会等权利。大学/非盈利机构会员分为一级、二级和学术观察员，学术观察员无须缴纳年费，大学只能参加年会，并收到机构每年简报。除提供教育支持（主要针对社会大学）外，无权参加其他项目。集成光子制造创新中心对于行业会员、大学/非盈利机构会员的会费与会员权益分别见表 4-4 和表 4-5。

表 4-4　集成光子制造创新中心对于行业会员的会费与会员权益

会员级别	会员会费	会员权益
一级会员	行业会员每年缴纳至少 100 美元的会费，缴纳 5 年。选择退出时间为 2 年。从第 1 年至第 5 年，可以缴纳现金和现金等价物（第 1 年至少为 10 万美元，每一年略有增长，直至第 6 年），继续参与则全部需要现金出资	• 拥有领导委员会 1 个席位等，公司有权指导研究院的整体方向，并提供应用空间方向 • 可以参与到所有合作项目产生的知识产权（IP） • 只要缴纳的部分会费为现金，AIM 将为公司的 3 个受让人进行偿还，每位 15 万美元，限制在提前设定的最低现金缴纳会费 • 可提交专有项目

续表

会员级别	会员会费	会员权益
二级会员	行业会员每年至少缴纳 50 万美元的会费，缴纳3年。选择退出时间为1年。从第1年至第5年，可以缴纳现金和现金等价物（第1年至少为10万美元，每一年略有增长，直至第 6 年），继续参与则全部需要现金出资	• 可以参与到企业选择的 3 个合作项目产生的IP • 只要缴纳的部分会费为现金，AIM 将为公司的1个受让人进行偿还，每位15万美元，限制在提前设定的最低现金缴纳会费 • 可提交专有项目
三级会员	行业会员每年以现金等价物的方式缴纳会费 10 万美元，缴纳两年。退出时间为1年	可以参与到企业选择的 1 个合作项目产生的IP
行业观察员	观察员每年缴纳2500美元会费	可获得机构每年的信息新闻，参加机构年会

资料来源：http://www.aimphotonics.com

表 4-5　集成光子制造创新中心对于大学/非盈利机构会员的会费与会员权益

会员级别	会员会费	会员权益
一级会员	必须提供至少 1:1 的成本组合，可以是现金或现金等价物。对于 AIM 必须是有意义且重要的。共出资5年，必须等于或大于500万美元	• 大学和非盈利机构可以参与到一个或多个 KTMA、MCE、Ed WFD、路线图工作小组，但处于非领导地位，除非执行团队认为有必要赋予其领导地位 • 能够提交提案，并完成项目工作 • 可以参与到公司选择的一个合作项目产生的 IP
二级会员	必须提供至少1:2的成本组合，可以是现金或现金等价物。对于AIM必须是有意义且重要的	大学和非盈利机构可以参与到一个或多个 KTMA、MCE、路线图工作小组，但处于非领导地位，除非执行团队认为有必要赋予其领导地位
学术观察员	无须提供费用	大学只能参加年会，并收到机构每年简报。除提供教育支持（主要针对社会大学）外，无权参加其他项目

资料来源：http://www.aimphotonics.com

四、项目运营

美国制造业创新中心的项目，一般是一个群策群力的“众筹”过程。由美国制造业创新中心发布项目召集，各个会员单位可以提供项目方案，董事会、咨询委员会组织人员对项目的技术路线图进行考察，最终确定项目。美国制造业创新中心的项目确定过程是通过铂金和黄金会员单位的反馈意见来“众筹”路线图的撰写，并保证路线图与市场需求和发展趋势一致。首先，撰写项目计划书指南。美国制造业创新中心通过铂金、黄金会员单位的力量，撰写项目计划书指南；美国制造业创新中心通过铂金、黄金会员单位的力量，撰写项目计划书指南方案；召集发布给会员单位；会员单位提交方案。其次，方案审核，美国制造业创新中心通过会员单位成立审核小组，并提出项目支持资金分配建议；宣布中标者：分配项目资金；中标者进行研究工作，不断地跟会员单位沟通研究进展。最后，项目产出预竞争。会员单位可获取 IP 知识产权内容，但知识产权归研发方所有。

企业在美国制造业创新中心项目确定中发挥核心作用。在面向未来轻量化创新中心的项目运营中，企业是项目确定的中坚力量。美国制造业创新中心下属会员公司，涵盖了行业的完整供应链，从初级金属生产商，到组件和设备制造商，再到原始设备制造商。项目通过联合各类企业而确定，不仅能够实现项目前期商业化计划，并且可以让初创公司和其他领域企业直接整合发展，从而有利于最终项目的完成。

咨询委员会（如技术咨询委员会等）是美国制造业创新中心项目确定的重要决策方。面向未来轻量化创新中心设有执行咨询委员会（LEAC），LEAC 为一个战术性单位，承担重点突出的工作任务，根据行业要求和资源优化监督其项目的制定和执行。LEAC 纳入了一些优秀行业代表，他们非常了解如何成功地开发新技术，并将其过渡到先进制造业中，用于生产和商业化。LEAC 与政府和行业利益相关者协商，确定关键的技术和人力需求，并将批准提出的一系列技术和人力资源项目，用来撬动政府资金和行业资本。

五、知识产权

创新规则，全面指导、推进美国制造业创新中心知识产权能力建设。美国国家先进制造办公室于2015年成立了由8部门21人组成的知识产权工作小组，广泛吸取公众意见、政府意见、美国制造实践经验，以及已有的制造业联盟知识产权规章，在汇集众智的基础上，从知识产权概念界定、背景知识产权制度创设、知识产权处置机制建立、知识产权治理体系构建、中小企业扶持等方面，全面创新规则，制定出台了美国《国家制造业创新网络知识产权指引》(以下简称《指引》)。《指引》坚持创新导向，致力于推进每一个美国制造业创新中心建设知识产权规章，规范使用知识产权，灵活运用知识产权引入与处理机制，降低知识产权谈判交易成本，以知识产权能力建设促进制造业创新中心目标的实现。

（一）以合理处置知识产权为抓手，着力跨越创新“死亡之谷”

面对创新“死亡之谷”，美国制造业创新中心的知识产权能力建设，以合理处置知识产权为抓手，通过制度安排和机制创新，为创新成果的转移、转化和产业化添薪加油、畅通渠道。

（1）创建背景知识产权制度（BIP）与使用机制，促进中心创新成果产业化持续深入推进。《指引》首创BIP制度，强调BIP是美国制造业创新中心项目开始之前或项目之外开发的知识产权，其所有权归研发方，不因引入机构项目而丧失权益。在项目创新成果进一步推广使用时，参与项目的合作方认为BIP将会发挥作用,并在项目结束后仍需继续使用时，BIP所有人应提供许可协议。BIP和使用机制的创建，有效激活了各成员大量的存量知识产权，促进了最新创新成果转化与创新成员原有创新成果推广使用的有效对接，从制度和机制上保障了美国制造业创新中心研发和创新成果产业化活动的持续深入推进。

（2）合理处置美国制造业创新中心资助项目的知识产权，促进创新成果能够及时有效地实现转移转化。《指引》强调，美国制造业创新中心资助项目的知识产权要面向会员转移转化、传递价值。美国制造业创新中心研发机构基于研发目的使用知识产权，可免费、非排他性获得许可，并可向第三方转让商业许可。《指引》鼓励美国制造业创新中心成员非商业化使用知识产权，给予所有成员二次研发许可。美国制造业创新中心资助项目知识产权及其使用机制，有利于成员间协同创新，促进了创新成果在成员之间和成员之外的有效转移与持续推广使用。美国制造业创新中心三大类知识产权的处置见表4-6。

表4-6 美国制造业创新中心三大类知识产权的处置

类　别	支持资金	知识产权权利人	特　点
背景知识产权	成员单位	成员单位自身	所属权不变；允许中心项目基于协议使用，并保障项目后续继续使用；可代替会费等
政府/美国制造业创新中心资助项目	以政府/中心资金为主，以单位/外来资金为辅	美国制造业创新中心	按成员等级给予不同使用权限；降低许可难度，推广商业化；适时发布公开；解散前向成员单位转移
非政府/美国制造业创新中心资助项目	单位/外来资金	发明人所属单位	依据项目协议确定专利权的使用；使用中心设备等按协议付费；适时发布公开

资料来源：赛迪智库根据美国《国家制造业创新网络知识产权指引》整理

（3）鼓励非美国制造业创新中心资助项目的知识产权对外开放转让。美国制造业创新中心鼓励大企业与中小企业合作研发，非美国制造业创新中心资助的项目以成本价使用基础设施。美国制造业创新中心无权处置非美国制造业创新中心资助项目产生的知识产权，但鼓励此类知识产权对外开放和转让许可。

这样，有利于美国制造业创新中心成员基于“风险共担、收益共享”机制共同使用、推广非美国制造业创新中心资助项目的知识产权。

（二）扶持中小企业知识产权能力建设，激发中小企业创新活力

激发中小企业创新活力是美国制造业创新中心建设的重要着力点。

（1）支持中小企业参与美国制造业创新中心建设。美国制造业创新中心项目实施时规定中小企业的最低参与比例。例如，数字制造和设计创新中心在2015年招标项目中，明确要求至少要有1家中小型制造企业参与。

（2）多措并举，扶持中小企业知识产权能力建设。美国制造业创新中心面向中小企业开放基础设施，以标准化知识产权协议降低中小企业知识产权的管理负担和交易成本；为中小企业研发提供资金、设备支持，提供与大学等机构合作、人才培训等机会；帮助中小企业实现知识产权商业化，快速传递和提升创新成果价值。

六、人才培养

美国制造业创新中心一般都设有与人才相关的委员会，负责人才教育培训等相关工作。

（1）与高校等机构合作。美国制造与高校、咨询机构等合作，开设3D打印技术相关教程，联合编制教科书，为学生提供实习机会和学徒机会。面向未来轻量化创新中心，在高中开展相关课程并与大学建立合作培养关系，并在5个州内成立了LIFT团队，设计并实施人才教育解决方案。先进复合材料制造创新中心与美国复合材料制造协会及社区学院建立了伙伴关系，共同开发复合材料相关课程；与橡树岭联合大学合作，开设复合材料相关课程。

（2）提供培训和教育机会。美国制造从传统途径的认证、学历教育及证书，到非传统方式的再培训及额外培训教育，再到职业规划领域为增材制造相关人员提供培训和教育机会；面向未来轻量化创新中心与大学合作开设针对退伍军人的培训课程。

第三节　美国现有制造业创新中心介绍

一、美国制造

美国制造基本情况见表4-7。

表 4-7　美国制造基本情况

机构名称	美国制造（America Makes） 原名：国家增材制造创新中心（National Additive Manufacturing Innovation Institute，NAMII）
建立的必要性	增材制造，通常称为3D打印，是一种通过数字模型制造产品和组件的新方式，将对国防、航空航天、汽车和金属制造等行业产生广泛的影响。与传统制造业通过模具、车铣等机械加工方式对原材料进行定型、切削以最终生产成品不同，3D打印将三维实体变为若干个二维平面，通过对材料处理并逐层叠加进行生产，大大降低了制造的复杂度。这种数字化制造模式不需要复杂的工艺、庞大的机床及众多的人力，直接从计算机图形数据中便可生成任何形状的零件，使生产制造得以向更广的生产人群范围延伸。据美国能源部预计，与目前的“减法”制造工艺相比，增材制造过程能源消耗量将减少50%以上
发起部门	美国国防部、能源部、商务部、国家科技基金会、国家航空航天局
成立时间	2012年
牵头机构	美国国家国防制造与加工中心（National Center for Defense Manufacturing and Machining）
工作地点	俄亥俄州扬斯顿市
研究领域	增材制造（3D打印）
组织架构	85家公司、13所研究型大学、9所社区学院及18家非盈利机构
资金	成立之初3年内，由国防部、能源部、商务部、国家科技基金会和国家航空航天局（NASA）5个政府部门出资4500万美元，主要用于设备资助、启动资金资助、基础项目资助、竞争项目资助； 申请团体（包括俄亥俄州、宾夕法尼亚州和西弗吉尼亚州地区的一些制造企业、研究型大学、社区学院、非盈利机构等）共同出资4000万美元
主要活动	提出技术路线图，支持成员间合作的增材制造技术开发项目，解决增材制造技术的工程化难题，降低商业化风险和成本；探索高效、可持续的“创新-商业化-生产”路径，鼓励中小企业应用新技术；培育先进制造技术人才，提高工人技能水平；举办和赞助一系列增材制造相关的全国性活动

二、面向未来轻量化创新中心

面向未来轻量化创新中心基本情况见表4-8。

表 4-8　面向未来轻量化创新中心基本情况

机构名称	面向未来轻量化创新中心（Lightweight Innovations for Tomorrow，LIFT）
建立的必要性	推进轻质部件和结构（Lightweight Components and Structures）的系统级设计制造方法发展，可增强系统性能、提高能源效率，并降低生命周期成本，这也是美国政府在 2011 年 6 月 24 日发布的“材料基因组计划”中的优先级技术。轻质部件和结构在国防、能源、交通和一般工程产品等领域均具有可用性。例如，美国轿车和卡车新的燃油经济性标准要求到 2016 年平均燃油经济性提高至 0.128L/km，可节省 1.8 万亿桶石油，燃料效率的要求将毫无疑问地推动美国产业需要越来越多的轻质材料
发起部门	美国国防部
成立时间	2014 年
牵头机构	美国轻量化材料制造创新研究院（American Lightweight Materials Manufacturing Innovation Institute，ALMMII）
工作地点	密歇根州底特律市
研究领域	促进在风力涡轮机、飞机框架、医药设备、武装车辆等领域上使用的轻量化合金制造
组织架构	36 家企业、12 所大学及实验室及 16 家其他机构
资　　金	由美国国防部主导，政府资助 7000 万美元，主要用于设备资助、启动资金资助、基础项目资助、竞争项目资助；配套资金为 7800 万美元，主要以实物形式提供，如设备和建筑物等
主要活动	研究轻质部件和结构的集成设计和制造，进行试生产和实验测试，为预竞争项目和专有研究提供资金支持；开放了 10 万平方英尺的设施，提供技术展示，培训员工使用新工艺；实施教育和劳动力发展计划，为教师、学生、军人、退伍军人等提供教育和培训机会，提供满足生产要求的人才供应链

三、数字制造和设计创新中心

数字制造和设计创新中心基本情况见表 4-9。

表 4-9　数字制造和设计创新中心基本情况

机构名称	数字制造和设计创新中心（Digital Manufacturing and Design Innovation Institute，DMDII）
建立的必要性	通过数字化在设计、生产和销售等环节的智能和综合运用，将有效提升美国中小型制造企业的全球竞争力，从而消除任何来自低成本、低技能劳动力的竞争优势。数字化制造和设计适用于几乎所有的制造业部门，预计在整个制造业将减少大约 10%的成本。例如，在美国商业航空领域，预计在未来 15 年内成本将节约 300 亿美元左右
发起部门	美国国防部

续表

成立时间	2014 年
牵头机构	UI 实验室（伊利诺伊大学牵头的一家非盈利研发组织）
工作地点	伊利诺伊州芝加哥市
研究领域	开发制造应用建模和仿真工具、智能机器等
组织架构	41 家企业、23 所大学和试验室及 9 个其他组织
资　　金	美国国防部出资 5000 万美元，其他政府机构出资 2000 万美元，政府资金主要用于设备资助、启动资金资助、基础项目资助、竞争项目资助；另有配套资金 2.5 亿美元，包括实物如设备和建筑物等
主要活动	促进政府、大学和企业的合作，推动竞争前研究（Pre-competitive Research）的合作投资，设立竞争性 R&D 项目，建设开放共享网络平台以便于培训资源的访问、招募新成员和项目征集；开发开源软件工具平台，可用于存储和分析制造数据，支持用户在线社区，便于共享数据和模型以开发平台；推进数字化制造技术的应用，建设示范工厂；制定人力资源发展计划

四、电力美国

电力美国基本情况见表 4-10。

表 4-10　电力美国基本情况

机构名称	电力美国（Power America） 原名：下一代电力电子制造业创新中心（Next Generation Power Electronics Manufacturing Innovation Institute）
建立的必要性	宽禁带（WBG）半导体有助于克服一系列发电、输电、配电和最终使用的挑战，其能够更好地承受电力负荷并提供新一代实用技术所需的开关频率。使用宽禁带半导体的电力电子器件也将变得更小，更高效，成本更加低廉。宽禁带半导体逆变器可把电力从直流电转换成交流电，性能是传统逆变器的 4 倍以上，同时成本和重量分别减少 1/2 和 1/4。对于较大规模的逆变器，宽禁带（WBG）半导体逆变器的重量可以减轻 8000 磅（约合 3628.7kg）；变电站减轻 100 磅（约合 45.4kg），并缩小到手提箱大小，这有助于降低电力成本，并建设一个更强大、更可靠的电网系统
发起部门	美国能源部
成立时间	2014 年
牵头机构	美国北卡罗来纳州立大学

续表

工作地点	北卡罗来纳州罗利市
研究领域	推进以氮化镓和碳化硅为基础的宽带隙半导体电力电子器件化，降低其成本，以取代目前广泛使用的硅基半导体
组织架构	18 家企业、7 家大学和实验室
资　　金	美国能源部投资 7000 万美元，主要用于设备资助、启动资金资助、基础项目资助、竞争项目资助；北卡州政府和有关大学投入 1600 万美元，主要以实物形式提供，另外，企业投入 6000 万美元
主要活动	开发关键技术；共享研究和开发设施及检测设备，提供测试和建模服务，帮助企业特别是中小型制造业企业发明、设计和制造新的半导体芯片和器件；为芯片设计和制造商与大型电力电子制造商和供应商提供市场供需配对，加快创新技术推向市场的速度；向美国劳动者提供培训、高等教育课程和实习机会

五、先进复合材料制造创新中心

先进复合材料制造创新中心基本情况见表 4-11。

表 4-11　先进复合材料制造创新中心基本情况

机构名称	先进复合材料制造创新中心（Institute of Advanced Composites Manufacturing Innovation，IACMI）
建立的必要性	先进复合材料是指将塑料和高强度纤维结合起来制造的一种材料，比钢材更加轻质，且更具强度。目前，这类复合材料的市场推广障碍主要是其生产成本过高、耗能过多且很难循环使用。因此，仅局限在部分行业如飞机、军用车辆和高端汽车等。美国能源部希望通过创建制造业创新中心以降低先进复合材料的生产成本，使制造过程更加节能并且提高产品的循环利用率，预计会在 10 年内最终减少生产成本 50%，减少 75% 的生产耗能，并将重复利用率提高到 95%左右
发起部门	美国能源部
成立时间	2015 年
牵头机构	田纳西大学
工作地点	田纳西州诺克斯维尔市
研究领域	提升纤维增强聚合物领域的制造能力，以满足环保车辆、风力涡轮机等产品对复合材料的需求
组织架构	122 名成员，包括 57 家企业、15 所大学及实验室、14 家其他实体、36 家联盟合作成员
资　　金	由美国能源部发起成立，能源部提供了 7000 万美元联邦基金，主要用于设备资助、启动资金资助、基础项目资助、竞争项目资助，还有 1.8 亿美元的配套资金投资，包括实物如设备和建筑物等

续表

主要活动	支持先进制造工艺和材料的研发项目，共享基础设施，推动创新材料和制造技术的规模化应用；整合公私资源，打通人才渠道，创造良好的先进制造业伙伴关系；开展技术援助，推进先进能源管理技术的应用

六、集成光子制造创新中心

集成光子制造创新中心基本情况见表 4-12。

表 4-12　集成光子制造创新中心基本情况

机构名称	集成光子制造创新中心（American Institute for Manufacturing Integrated Photonics）
建立的必要性	随着“晶体管”特征尺寸的不断减小，集成电路面临着信号延迟大、传输带宽小、功耗大、信号串扰大、加工困难、成本高等“极限问题”。与之对应，“光电子器件”却具有宽带宽、低延迟、低功耗、干扰小等优势。在高速信号处理、电子战、信息传输和计算、传感器、成像和目标追踪等军事装备领域，依托“集成光子制造”技术开发的高度集成的光电信息系统将发挥重要作用
发起部门	美国国防部
启动时间	2015 年
牵头机构	纽约州立大学研究基金会
工作地点	纽约州
研究领域	集成光电子
资　　金	由美国国防部发起成立，国防部提供了 1 亿美元联邦基金，同时产业部门投资 1 亿美元
主要活动	打造一个无缝的“集成光电子制造”产业链，包括芯片制造、集成设计、自动封装、集成、测试。此外，还将培训相关劳动力

七、美国柔性混合电子制造创新中心

美国柔性混合电子制造创新中心基本情况见表 4-13。

表 4-13　美国柔性混合电子制造创新中心基本情况

机构名称	美国柔性混合电子制造创新中心（American Flexible Hybrid Electronics Manufacturing Innovation Institute）
建立的必要性	柔性混合电子器件组合了可弯曲的先进材料和薄的硅芯片，可生产与复杂外形物体无缝集成的下一代电子产品，在军事领域及民用领域都将发挥巨大作用（例如，对于军事人员，这些新技术可以增强救生能力并提高任务效能）

续表

发起部门	美国国防部
启动时间	2015 年
牵头机构	NEXTFLEX 联盟
工作地点	加利福尼亚州
研究领域	计算机、手机等智能电子产品（例如，无线医疗监护仪、可延展的机器人和运载器电子器件等）
资　　金	由美国国防部发起成立，国防部提供了 7500 万美元联邦基金，以主要企业、大学及其他非盈利机构组成的创新中心将投资 7500 万美元作为配套基金
主要活动	设计、制造最先进的集成电子设备和传感器，以及组装和测试自动化设施

八、美国先进功能纤维制造创新中心

美国先进功能纤维制造创新中心基本情况见表 4-14。

表 4-14　美国先进功能纤维制造创新中心基本情况

机构名称	美国先进功能纤维制造创新中心（Advanced Functional Fabrics of America，AFFOA）
建立的必要性	被称为技术纺织品的现代面料和纤维具有轻质、防火及坚韧等新颖特性，应用广泛，特别是用于制作消防衣、军用品等。他们的应用，不仅能振兴美国国内纺织供应链，而且能扩大出口，对于美国未来发展具有重要意义
发起部门	美国国防部
启动时间	2016 年
牵头机构	MIT
工作地点	马萨诸塞州
研究领域	先进纤维和纺织品
资　　金	由美国国防部发起成立，国防部提供了 7500 万美元联邦基金，主要用于设备资助、启动资金资助、基础项目资助、竞争项目资助，还有 1.8 亿美元的配套资金投资，包括实物如设备和建筑物等
主要活动	充分利用美国国内的生产设施开发和规模化生产工艺，在先进纤维和纺织品制造过程中形成一个端到端的创新生态系统

九、清洁能源智能制造创新中心

清洁能源智能制造创新中心基本情况见表 4-15。

表 4-15　清洁能源智能制造创新中心基本情况

机构名称	清洁能源智能制造创新中心（Clean Energy Smart Manufacturing Innovation Institute）
建立的必要性	在白宫先进制造合作伙伴 2.0 报告中，智能制造被私营部门和高校领导人定义为需要联邦政府投资的最高优先级的制造技术领域之一，对于美国提升制造业竞争力意义重大
发起部门	美国能源部
启动时间	2016 年
工作地点	加利福尼亚州洛杉矶市
牵头机构	智能制造领导联盟（SMLC）
研究领域	先进传感器和复杂流程控制
资　　金	政府投资 7000 万美元，吸引公共投资 1.4 亿美元
主要活动	制造先进的传感器、控制装置、平台和建模等。结合创新的自动化和先进的传感和控制技术，将制造智能实时融入整个生产操作过程，同时最大限度地降低能源、材料的使用成本

十、化工过程强化应用快速发展创新中心

化工过程强化应用快速发展创新中心基本情况见表 4-16。

表 4-16　化工过程强化应用快速发展创新中心基本情况

机构名称	化工过程强化应用快速发展创新中心（Rapid Advancement in Process Intensification Deployment Institute，RAPID）
建立的必要性	通过模块化、并行整合和过程组合等方法手段，减少复杂性、设备设施占地，可最大限度减少化工制造设施建设风险和不确定性。采用这种技术，预计未来美国国内能源生产效率和能源效率可以提高 20%，在化工领域有望每年节省成本逾 90 亿美元
发起部门	美国能源部
启动时间	2016 年
工作地点	纽约
牵头机构	美国化学工程师协会（AIChE）
研究领域	清洁能源制造领域的模块化过程强化技术
资　　金	政府投资 7000 万美元，吸引公共投资 1.4 亿美元
主要活动	致力于模块化化工过程强化领域，研究、开发、拓展新技术，并将其广泛商业化，大幅降低能源消耗、温室气体排放，减少资本投入和运营成本

十一、国家生物制药创新中心

国家生物制药创新中心基本情况见表 4-17。

表 4-17　国家生物制药创新中心基本情况

机构名称	国家生物制药创新中心（National Institute for Innovation in Manufacturing Biopharmaceuticals，NIIMBL）
建立的必要性	美国生物医药行业中一直存在制造复杂程度大、技术转移难度大、消耗成本高、投资风险高和人才缺口巨大的问题，打破私营企业和学术机构之间的孤岛，真正把工业技术从实验室带向市场
发起部门	美国商务部
启动时间	2016 年
工作地点	特拉华州纽瓦克
牵头机构	美国生物有限公司
研究领域	生物制药研发
资　金	政府投资 8000 万美元，吸引公共投资 2.09 亿美元
主要活动	聚焦生物制药领域，通过开发更高效和快速的生物制药制造工艺，提升美国在生物医药领域的竞争力，加快区域经济发展

十二、先进组织生物制造创新中心

先进组织生物制造创新中心基本情况见表 4-18。

表 4-18　先进组织生物制造创新中心基本情况

机构名称	先进组织生物制造创新中心（Advanced Regenerative Manufacturing Institute，ARM）
建立的必要性	将当前碎片化的国内生物制备技术能力组织起来，让美国在全球竞争中拥有更好的占位
发起部门	美国国防部
启动时间	2016 年
工作地点	新罕布什尔州曼彻斯特
牵头机构	先进可再生制造研究所
研究领域	下一代细胞、组织和器官的修复、替换技术
资　金	政府投资 8000 万美元，吸引公共投资 2.94 亿美元
主要活动	通过多学科协作，加速生物组织的制造，以及组织相关技术的研究、开发和演示验证

十三、降低内含能和减少排放创新中心

降低内含能和减少排放创新中心基本情况见表 4-19。

表 4-19　降低内含能和减少排放创新中心基本情况

机构名称	降低内含能和减少排放创新中心（Reducing Embodied-energy and Decreasing Emission，REMADE）
建立的必要性	为更有效地支持制造业发展，美国能源局致力于通过推进各类创新技术的发展与相关配套政策的支持，促进能源使用效率的提升，成立创新机构，通过共享资源，解决跨领域清洁能源与效能提升的共性问题
发起部门	美国能源部
启动时间	2016年
工作地点	纽约州
牵头机构	可持续制造创新联盟（SMIA）
研究领域	降低制造关键材料所需能源的创新技术及早期应用
资　　金	政府投资7000万美元，吸引公共投资1.4亿美元
主要活动	通过开发针对人造材料的再利用、再循环，以及再制造的“从摇篮到摇篮”的新技术，促使制造材料整个生命周期能源使用降低

十四、先进机器人制造创新中心

先进机器人制造创新中心基本情况见表4-20。

表 4-20　先进机器人制造创新中心基本情况

机构名称	先进机器人制造创新中心（Advanced Robotics for Manufacturing Institute，ARM）
建立的必要性	随着机器人和人工智能技术的不断发展，传统机器人的工作模式将发生根本性变化，协作机器人是下一代机器人发展的重要方向，美国需要设立创新机构，把碎片化的机器人制造技术能力组织起来，在全球竞争中取得更好的位势
发起部门	美国国防部
启动时间	2017年
工作地点	宾夕法尼亚州匹斯堡
牵头机构	卡内基梅隆大学（CMU）组建的先进机器人公司
研究领域	工业制造机器人
资　　金	政府投资8000万美元，吸引公共投资2.53亿美元
主要活动	通过跨学科集成各种工业界实践和学术界知识，开发一系列机器人技术并应用于航空航天、汽车、电子和纺织等行业，形成一个稳健的制造创新生态系统

第五章

英国弹射中心

全球金融危机后，经济低迷的英国高度重视科技创新在驱动经济发展中的重要作用，将其视为实现经济复苏的唯一出路。英国政府重新研究创新体系和创新绩效，委托英国企业家赫尔曼·豪泽完成了《英国技术创新中心当前和未来的责任》报告，其核心内容就是打造科技与经济紧密结合的技术创新体系。为此，英国政府决定建立一批世界级技术创新中心，为英国经济发展注入驱动力。这些技术创新中心被称为弹射中心（Catapult Centres）。

第一节　英国弹射中心的建设思路

一、提出背景

（一）科技创新成为英国经济复苏的动力源泉

2008 年金融危机爆发后，英国经济大幅衰退。2009 年，英国 GDP 下降 4.9%，大大高于 2008 年 0.1%的降幅；全年制造业产值下滑 10.5%，是自 1968 年以来最大跌幅；2010 年，国内失业率达 7.8%，为自 1996 年以来新高。为尽快从金融危机的重创中复苏，英国政府对创新给予了异乎寻常的关注。英国商业、创新和技能部（Business, Innovation and Skills，BIS）明确提出，在快速变革的全球经济中，英国的繁荣高度依赖于科学创新和技能提升的数量和质量，英国现代产业经济的核心和知识经济的基础就是科技创新。

（二）英国科技成果转化为市场价值的能力相对较弱

长期以来，英国作为世界科技创新强国，拥有牛津大学、剑桥大学等国际一流学府，科研产出稳居世界前列。英国以占全球1%的人口生产了6%左右的论文，而其中的高被引论文数量更是占全球的14%。2015年PCT专利申请数量达到5313件，位列世界第七。在世界知识产权组织（World Intellectual Property Organization，WIPO）与美国康奈尔大学、欧洲工商管理学院（European Institute of Business Administration，INSEAD）于2016年8月联合发布的《2016全球创新指数》排行榜中，英国列居世界第三位，居于“创新领导者”前列。但英国现有的技术创新体系缺乏国家层面上的战略协调，对商业需求关注不够，导致产学研用结合不够紧密，科技成果向经济成果转化的能力较弱。面对日益激烈的国际科技和产业竞争，英国技术创新体系亟须搭建科技成果与市场之间的桥梁，补全创新链条，促进科技成果市场价值的实现。

（三）欧洲各国技术创新中心作用显著

欧洲一些强国建立的品牌化技术创新中心，在帮助企业获得技术知识、基础设施、技能和设备，提高科技成果产业化能力等方面作用突出。如德国弗朗霍夫协会，为企业提供合同科研服务，帮助企业特别是中小企业开发新技术、新产品、新工艺，协助解决其创新发展中遇到的问题，并促进研究成果快速有效地转化为发展经济的手段和适应市场的产品，协会每年完成约1万项科研开发项目。

二、功能定位

弹射中心是拥有先进基础设施的非盈利机构，定位于缩小科技成果与产业化之间的鸿沟，工作重点是解决技术成熟度（Technology Readiness Level，TRL）4～6级问题，通过聚集整合已有创新资源，促进科技成果向产业转移转化，弹射中心因其具备的中介性和连接性，也被称为“中立的召集人”。弹射中心功能定位见图5-1。

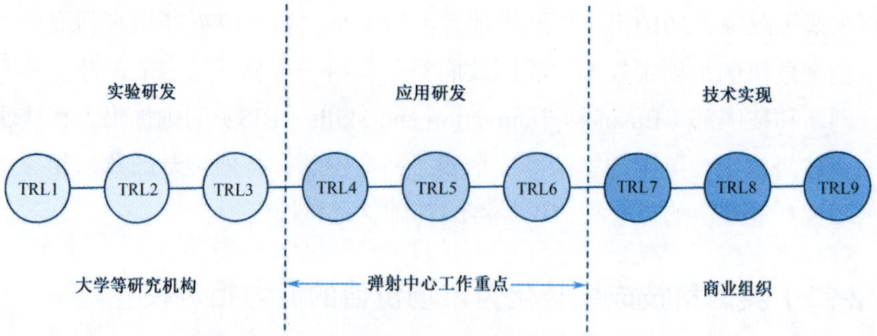

图5-1 弹射中心功能定位

弹射中心的主要任务有以下几个方面：

（1）推动技术进步，促进企业获得顶尖的技术和知识。

（2）成为世界领先的科学和工程研究基地。

（3）面向企业需求，与企业协作开展应用研究项目。

（4）开展合同研究，即通过竞争获得企业的研发合同。

（5）在企业与研究机构间举办大量活动，推动企业与科研机构的协同发展。

（6）提供不同层次的技能培训计划，推动各级专业技术发展。

三、总体布局

2010 年 10 月，英国前首相卡梅伦宣布，在 2011—2015 年期间，英国政府计划投资 2 亿英镑，由英国技术战略委员会（Technology Strategy Board，TSB）负责建立一批世界级技术创新中心（即弹射中心），促进科技成果产业化，加快打造科技与经济紧密结合的技术创新体系。

根据英国技术战略委员会的计划，弹射中心网络建设将分为布局建设、建立知识网络、融入国家创新体系三个阶段。

第一阶段：布局建设弹射中心。从 2011 年英国成立第一个弹射中心——高价值制造弹射中心开始，经过几年的不断发展，目前英国已经成立了 11 个弹射中心。

第二阶段：基于弹射中心在不同领域内建立知识网络。英国政府认为建立科技创新体系关键在于加强科研机构和商业组织之间的联系。因此，以每个弹射中心为连接点，建立彼此联系的知识网络，吸引不同规模的企业（包括跨国公司和中小企业）进行跨领域合作，以及促进企业与高校、科研院所之间的合作，初步形成英国新的技术创新框架体系。

第三阶段：将弹射中心融入国家创新体系。英国政府提出要加强弹射中心与其他的研究和技术组织、独立实验室、创新中心及某些重点高校的技术转移部门有效结合，共同构成更广泛的中介部门。同时，促进弹射中心与英国创新平台计划、研发合作计划、知识转移网络、知识转移伙伴计划、小企业研究计划等英国已有的创新措施相结合，并进一步加强与欧盟的项目对接。

四、建设进度

弹射中心的建设定位侧重于新兴技术领域，目的在于使英国在这一领域具备世界领先地位，进而在价值链高端占据重要份额。目前，英国已建成 11 个弹射中心，主要包括：高价值制造（High Value Manufacturing）、细胞与基因疗法

（Cell and Gene Therapy）、运输系统（Transport Systems）、近海可再生能源（Offshore Renewable Energy）、卫星应用（Satellite Applications）、数字化（Digital）、未来城市（Future Cities）、能源系统（Energy Systems）、精准医疗（Precision Medicine）、医药研发（Medicine Discovery）、复合半导体应用（Compound Semiconductor Applications）。

弹射中心建设秉承新建与改建相结合的原则。例如，高价值制造弹射中心和卫星应用弹射中心利用了已有投资和基础（其中高价值制造弹射中心由已有的 7 个分中心组成），而细胞与基因疗法弹射中心和未来城市弹射中心是完全新建的弹射中心。已建成的弹射中心分布见图 5-2。

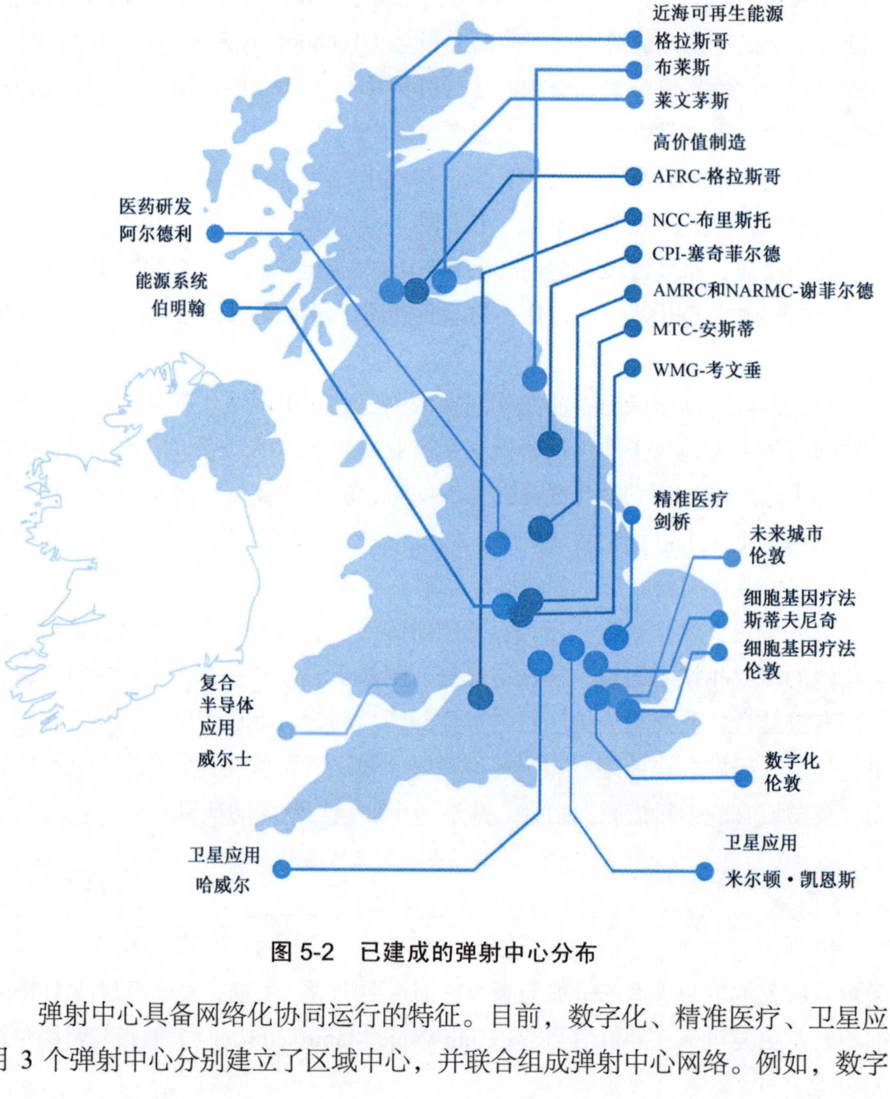

图 5-2　已建成的弹射中心分布

弹射中心具备网络化协同运行的特征。目前，数字化、精准医疗、卫星应用 3 个弹射中心分别建立了区域中心，并联合组成弹射中心网络。例如，数字化弹射中心总部设在伦敦，在桑德兰、北爱尔兰、布莱顿和约克设立了 4 个区域中心，共同组成了数字化弹射中心网络。2015 年成立的精准医疗弹射中心落户在剑桥生物医学园，同时分别在曼彻斯特、格拉斯哥、利兹、卡迪夫、牛津和贝尔法斯特等地拥有区域中心，共同组成精准医疗弹射中心网络。

未来，英国政府还将在绿色经济、气候变化适应、机器人、基因组学、下一代计算、物联网、智能弹性基础设施、食品安全、低碳交通、非动物实验技术和合成生物学等重点领域建设弹射中心。

五、资金投入

弹射中心的资金投入方式与德国弗朗霍夫研究院的资金投入方式类似，均包括竞争性收入和非竞争性收入。每个弹射中心的资金来源主要分为 3 类：

（1）来自企业的合同收入，约占弹射中心全部收入的 1/3。

（2）来源于公共和私营部门共同资助的合作研发项目，约占弹射中心全部收入的 1/3。以上两部分均属于竞争性收入。

（3）政府直接下拨的核心补助，约占中心全部收入的 1/3，由英国技术战略委员会提供，每年对每个弹射中心提供 500 ~ 1000 万英镑，投资周期 5 ~ 10 年。

其中企业合同研究资金和合作研发项目资金主要用于人力费用和启动项目。政府的核心补助资金则主要用于基础设施建设和设备购置，投入的比例与各个弹射中心在建设过程中是否使用已有设施和设备相关。

六、运行机制

弹射中心管理方式采取“政府+企业”的模式。在监管管理方面，由“创新英国”（Innovate UK）下设的咨询监督委员会（Advisory Oversight Committee）负责监管所有的弹射中心。在运作管理方面，每个弹射中心都是非盈利的独立法人实体，通过董事会及执行管理团队负责弹射中心的运营，并对弹射中心的各类工作提供指导。

各个弹射中心在具体运作过程中有很大的自主性，“创新英国”只是规定其发展目标，弹射中心可以根据情况调整需求变化和商业模式。各弹射中心有义务围绕各自的目标和核心业务制定商业计划，有独立的资产和负债、独立的设备和设施，以及知识产权所有权和管理责任。

弹射中心注重以知识产权转移的形式推动中心研发成果扩散。根据项目来源不同，弹射中心通过专业透明的管理方式进行知识产权管理，鼓励协作及知识产权的开发利用，从而实现研发成果的产业化。知识产权在弹射中心及其客户和合作伙伴之间的归属安排遵循以下原则：足够灵活以适应不同规模的合作伙伴和客户；以促进行业利益为目标，管理新技术的发展、保护和开发，鼓励了解现有的第三方知识产权权利；不给中小企业及其他客户造成额外的负担。

根据项目任务来源不同，弹射中心对取得的研发成果有不同的安排：

（1）仅在政府核心补助下完成的工作成果，将通过合适的授权、分拆及其他灵活方式来向企业提供知识产权。

（2）公共和私营部门共同资助的合作研发项目成果，由所有合作伙伴共同协商知识产权分享机制。

（3）对于企业合同的研究成果，在合同中将明确新知识产权的开发、共享权利。

七、政府的作用

（1）负责弹射中心建设领域的选择。“创新英国”通过每年发布年度资助及行动计划，选择战略性产业和领域的资助方向，对弹射中心进行布局，并设定建立标准。如2016年4月发布的《2016—2017年财年资助及行动计划》决定在2016—2017年财年出资5.61亿英镑，重点聚焦新兴和使能技术、健康与生命科学、基础设施体系、制造和材料等重点领域。

（2）对弹射中心进行监督管理。“创新英国”隶属于英国商业、能源和产业战略部（Business，Energy and Industrial Strategy，BEIS），该部职能包括制定全面工业战略，推动政府与企业的关系，确保英国处于全球科学、研究和创新前沿，用于可靠的清洁能源供应，以及应对气候变化等。

（3）对弹射中心进行资金支持。“创新英国”每年对每个弹射中心提供500～1000万英镑，投资周期5～10年。

（4）关注弹射中心基础能力建设和技术研发。政府对弹射中心资助资金的60%投入基础设施和设备，40%投入人员和项目启动经费。比例的变动取决于弹射中心建设的过程中是否使用已有设施和设备。

第二节　英国弹射中心基本情况和重点项目

一、高价值制造弹射中心

高价值制造弹射中心成立于2011年，共包括7个分中心：格拉斯哥的先进成型研究中心（AFRC）、谢菲尔德的先进制造研究中心（AMRC）、塞奇菲尔德的流程创新中心（CPI）、安斯蒂再制造技术中心（MTC）、布里斯托的国家综合中心（NCC）、谢菲尔德的核先进制造研究中心（NAMRC）和考文垂的华威制造集团（WMG）。高价值制造弹射中心作为英国先进制造增长的催化剂，下设 7 个分中心与行业内各规模企业合作，主要提供以下 4 个方面的支持：高集成度的产品装配流程、先进的设备和技术、完备可靠的供应商网络、优良投资环境。高价值制造弹射中心承担的部分重点项目见表 5-1。

表 5-1　高价值制造弹射中心承担的部分重点项目

项目名称	项目简介
波音和钛美特（Boeing and Timet）	格拉斯哥的先进成型研究中心研究了钛合金的冷成型过程相比于热成型过程的优势。研究者主要关注复杂零部件的冷成型技术是如何大幅减少成本的。研究人员利用增材制造（3D 打印）技术来制成纯钛半圆形部件，结果表明，室温下该技术可以有效降低成本并缩短制造时间。研究人员利用 3D 打印技术成功制造出这一复杂部件，证明了复杂钛合金零部件制造在冷成型技术中的可行性。此外，波音公司也委托研究中心利用 3D 打印制造了一个复杂塑料模具
无绳自动智能电钻（Cordless Automated Smart Drill）	安斯蒂再制造技术中心在航空总装工业的旗舰项目 LOCOMACHS 中研发了无绳自动智能电钻来取代目前普遍使用的气动式电钻。无线自动智能电钻最大功率可达一千瓦，可以在气动式电钻难以操作的位置顺利开展工作，真正实现无绳化操作。通过减小体积的集成化设计，无绳自动智能电钻实现了成本的降低和制造时间的缩短
复杂航天电子的先进制造（Advanced Manufacturing for Complex Avionics）	通用航空委托安斯蒂再制造技术中心对其制造流程进行优化，用来增加投资回报率，扩大生产规模，实现应用建模仿真及可视化，降低研发风险，增加技术转移和提高效率。安斯蒂再制造技术中心采用了一系列先进技术，包括电子制造、机器人及自动化系统、制造仿真等先进加工技术来解决上述需求。最终收到了劳动生产率逐年提升、生产时间缩短 50%、电路制造竞争力增强、产品附加值增加等良好效果

二、细胞与基因疗法弹射中心

细胞与基因疗法弹射中心成立于 2012 年，工作地点在伦敦。细胞与基因疗法弹射中心由英国大中小型企业、大学、国际组织和跨国公司等单位构成，致力于细胞与基因疗法的研究开发，帮助世界各地的相关科研组织将早期研究成果转化为商业上可行的和具有投资价值的治疗方案，使英国成为细胞疗法的全球领导者。目前，细胞与基因疗法弹射中心已经拥有超过 120 名细胞与基因疗法专家和最先进的病毒载体实验室，正在建设一个价值5500万英镑的大型生产质量管理规范（GMP）制造中心，用来帮助将细胞与基因疗法在英国和国际市场上市。细胞与基因疗法弹射中心承担的部分重点项目见表5-2。

表5-2 细胞与基因疗法弹射中心承担的部分重点项目

项目名称	项目简介
临床肿瘤项目（Clinical Oncology Programme）	细胞与基因疗法弹射中心目前正在与帝国创新公司（Imperial Innovations）和伦敦大学学院技术转移公司（UCL Business PLC，UCLB）合作研究一种通过改造患者免疫T细胞的基因结构来治疗急性髓性白血病的方法。细胞与基因疗法弹射中心特地成立一所名为弹射受体疗法有限公司（Catapult Therapy TCR Limited）来处理相关知识产权和专利技术。该项目通过试验不同的疗法，最终达到临床试验和注册审批的目的。目前已经加快了英国境内的临床试验速度，并获得临时安全的实验结果，第二批临床试验将会在英国和其他欧洲国家开展。这一阶段性的成果推进了临床手术和审批通过的进度，此外，基因疗法的成本也将降低60%，制造步骤数量也由978下降到188。研究成果已经成功转移至一家英国的中小型企业
ReNeuron项目（ReNeuron Project）	ReNeuron公司是英国一家技术领先的细胞疗法企业，细胞与基因疗法弹射中心于2013年开始与ReNeuron公司合作，共同研究CTX神经元干细胞系对于中风和严重肢体出血的治疗。合作初期的工作重点为干细胞系的制造和临床分析实验，并试图将这一干细胞系商业化。细胞与基因疗法弹射中心的主要作用是确保干细胞系可以达到商业化的制造熟练度，提供新型的干细胞系制造方法，最终形成一步到位的细胞疗法。通过与细胞与基因疗法弹射中心的合作，ReNeuron公司最终争取到3300万英镑的初期投资，后续还会有其他投资者的6800万英镑的远期投资

三、运输系统弹射中心

运输系统弹射中心成立于2012年5月，成立的目的在于发起和推广智能移动这一概念，即利用新兴技术使人和物的出行和运输更加智能高效。智能移动不仅会帮助英国生产更多产品来满足全球对运输系统日益增加的需求，而且将会使英国成为交通运输行业的极佳试验台。运输系统弹射中心非常重视合作伙伴的多样化，通过与不同运输模式的各类组织合作，来应对当今世界上交通运输领域中日益严峻的挑战。运输系统弹射中心的工作重点包括自动交通系统、数据建模与可视化、用户体验和信息调用及智能基建等领域。运输系统弹射中心的主要资金来源包括“创新英国”的启动资金和后期的商业资金，此外英国交通部也提供了部分资金。运输系统弹射中心承担的部分重点项目见表5-3。

表 5-3　运输系统弹射中心承担的部分重点项目

项目名称	项目简介
无人驾驶舱（Driverless pods）	由英国汽车协会和商业、能源和产业战略部共同牵头，运输系统弹射中心于2014 年开始研究无人驾驶系统（LUTZ 巡路者计划）。2016 年 10 月，首次在英国大街上成功投放自动驾驶车辆，标志着这一计划的阶段性成功。此次投放地点为米尔顿•凯恩斯火车站附近的人行道和商业区，为了让大众放心，在整个试验阶段，车内仍有一位经过训练的工程师，但车辆在经过几个月的模拟测试后已经实现了完全的自我导航。运输系统弹射中心充分发挥自身在整个测试环境、平台和车辆的优势，目前，正在着力开发一个全自动的无人驾驶舱测试，未来还会有很多需要测试的场景和需要规范的技术标准。要想使无人驾驶在英国得到推行还需要相关保险政策的更改和完备。运输系统弹射中心将致力于协调政府、企业和学术之间的关系，使得无人驾驶真正从实验室走向社会
航班起飞规划系统（Departure Planning Information Project）	为了减少旅客延误，提高空域利用率，降低能耗、噪声污染和碳排放，运输系统弹射中心开发了航班起飞规划系统，来解决英国航空业出现的问题。通过与民航局和国家空中交通处的合作，该系统可以有效地实现航班起飞的信息实时更新与共享，使得航班起飞时间的准确性得到大大提升，增加了安全性和效率，最终可以带来价值约四千万英镑的收益。目前，该系统尚未在所有机场得到全面推行，其潜在的经济效益还在进一步的评估中。在推行至希思罗机场和盖特威克机场等国际化机场之后，运输系统弹射中心计划将这一系统推向其他区域性机场，来提高英国在整个欧洲的空域利用率
情绪地图（Sentiment Mapping）	运输系统弹射中心目前正在测验一项旨在提升铁路用户体验的项目，通过情绪分析来定量分析用户体验和影响游客行为。这一项目同时也通过为游客提供“客户体验指数”，来收集两年之内的数据，并做出情感分析。此外，项目还将为游客和铁路从业人员提供了展示工具，用来分享旅程规划、商业信息和用户体验信息
可视化实验室（Visualisation Laboratory）	可视化实验室利用虚拟现实技术来解决交通系统中的问题。为了增强虚拟现实系统的沉浸式体验，运输系统弹射中心利用 Omnideck 6 操作平台和 Oculus Rift DK2 虚拟现实头戴式设备来构建了这一系统。运输系统弹射中心希望通过与相关行业的合作将虚拟现实在军事训练和游戏中的成功经验应用到交通行业中，并不断开发更具新意的虚拟现实（VR）和增强现实（AR）设备。实验室可以让用户在精确的模拟环境中经过第一人称视角来审视整个公共交通系统，成功地展示了无人驾驶技术对于行人的影响，为无人驾驶的下一阶段测试提供了相关数据和信息。此外，这一系统还包括了城市规划和建筑设计中用户在新建场所的模拟体验，可以应用于交通控制中心和高风险区域的人员培训工作。运输系统弹射中心研究了虚拟现实的局限性，积极探索虚拟现实更广阔的使用范围和应用。为了实现虚拟现实更好的商业化，运输系统弹射中心开放这一系统供更多感兴趣的初创公司使用，对于创新过程中的问题也专门配有相关技术人员来做相应的解答

四、近海可再生能源弹射中心

近海可再生能源弹射中心成立于2012年，主要研究利用风、潮汐和波浪等近海可再生能源。近海可再生能源弹射中心集中了全球最多的开源式可再生能源测试设备，已逐步形成以测试和演示为主要盈利方式的外包机制。近海可再生能源弹射中心定期参与大规模的研发创新公共项目，为这些项目提供实验环境和测试设备。近海可再生能源弹射中心还与其他弹射中心一起合作参加联合工业项目，并通过开展一系列的创新挑战计划来加快技术创新的商业化进程。近海可再生能源弹射中心承担的部分重点项目见表5-4。

表5-4　近海可再生能源弹射中心承担的部分重点项目

项目名称	项目简介
近海风能创新中心（Offshore Wind Innovation Hub）	近海风能创新中心项目的目的是统筹协调英国境内所有近海风能创新计划。近海风能创新中心通过会咨询工业界专家来确定创新项目实施的优先级；及时告知政府相关领域应优先发展的项目；敦促政府对于资金筹集提案更有效地回应；通过国内外平台推广成功创新项目
近海风速测速平台（Offshore Anemometry Platform）	近海风速测速平台位于距离布莱斯三海里的位置，目前是世界上同等规模中唯一的一个开源式近海平台。开源式平台可为指定地点的风力发电机组提供风能信息和环境数据，并为后期研究合作提供设备和数据管理。该平台可以在远洋环境下提供发电技术的测试、校准和验证，并为科研活动提供必要的环境评价信息、海底环境监测和野生动物数据等相关内容
Recode 计划（Recode Project）	Recode 计划与其他项目一起合作解决海洋能源技术中最大的挑战——能源的可靠性和可持续性。该计划主要设备包括安全监控设备、海浪测量浮标、脐带式海底电缆监控设备和漂浮式能源转换器的海底电缆连接器。海洋能源技术正在稳步从实验室研发阶段迈向产品化，形成规模化的能源转换器阵列。欧洲海洋能源行业的成功商业化关键在于可靠、低成本、高效率的能源技术。因此，成功确立共同的行业标准配件将会有效地减少资本支出和运营成本，并进一步地扩大生产规模

五、卫星应用弹射中心

卫星应用弹射中心成立于2013年5月，成立的目的在于通过开发太空资源来促进经济发展，协助不同机构从卫星中心获取收益，组织跨学科的研究团队在开放的创新环境中提出创新思想和解决方案。成立4年以来，卫星应用弹射中心已经为2500所机构、超过650家企业（包括427所中小型企业）提供业务咨询、风险预测、应对措施和创新项目等服务。此外，卫星应用弹射中心成立了一个国际知名的技术团队，该团队拥有极高的知识素养和技术水平，已完成了众多科研项目和创新思维的交流。卫星应用弹射中心与35所大学建立联系，形式包括从最早的启动会议到专门的讲习班，最终到可实际推行的科研项目。卫星应用弹射中心的部分重点项目见表5-5。

表5-5 卫星应用弹射中心承担的部分重点项目

项目名称	项目简介
智能交通系统（Intelligent Transport Systems）	智能交通系统的核心为开发卫星应用在解决交通事务上的潜力。通过与工业界和中央、地方政府、研究学术机构和其他相关组织的合作，加大研发投资，开发集成度高的交通系统来解决各类问题，宣传卫星技术的能力，促进卫星技术下移动应用的开发。项目重点主要有无人驾驶、智能移动和综合物流，这些重点领域将依赖于卫星精准定位和定时技术的使用，目的是为了提高运输效率，提升用户体验。卫星技术还将助力智能交通系统数据的获取、管理和分析，信息的发布、传播和可视化等方面
蓝色经济（Blue Economy）	海洋和海岸线是重要的珍贵资源，船运业、渔业、旅游业和石油工业都依赖于海洋环境的长期可持续发展。卫星对蓝色经济的增长提供了技术支持和设施，可以实时监控海事行动和渔业活动，为海洋科研提供环境数据；也可以随时监测这些活动对海洋生物栖息地造成的影响。此外，卫星技术还被应用在打击非法捕捞、监测近海活动、提高海运效率、发展港口经济和海岸线监测和保护等领域
可持续居住（Sustainable Living）	卫星应用弹射中心的可持续居住项目将卫星技术和数据融入农业生产、采掘行业和能源管理等方面中，实现人类居住环境的可持续性。主要方式有精准农业和传感器网络、自然资源储量监控、水资源管理和能源网络的资源分配监控

六、数字化弹射中心

数字化弹射中心（Digital Catapult）成立于2014年，研究重点是突破物联网、分散式网络、网络安全、人工智能等前沿技术。数字化弹射中心总部设在伦敦，在布莱顿、约克和桑德兰和北爱尔兰设立了4个区域中心。数字化弹射中心高度重视与中小企业合作，帮助他们更快地成长和发展。目前，数字化弹射中心与2000多家中小企业合作密切。同时，数字化弹射中心与89家研究和创新机构开展应用研究合作，共获得总额380万英镑的欧盟研发项目。数字化弹射中心创建后，已有41个项目交付。数字化弹射中心承担的部分重点项目见表5-6。

表5-6　数字化弹射中心承担的部分重点项目

项目名称	项目简介
物联网（Things Connected）	Digital Catapult于2016年9月推出了“物联网”计划，这是一项创新支持计划，主要面向希望利用低功率广域网络（LPWAN）技术的英国企业。“物联网”计划将帮助初创公司、小型企业和开发人员更好地使用LPWAN技术，最终促进一个强大的英国LPWAN生态系统的出现，以确保英国是开放的，随时可以利用物联网进行创新。数字化弹射中心将与未来城市弹射中心、伦敦帝国理工学院、伦敦国王学院、伦敦大学学院和伦敦玛丽女王大学合作开展研究。“物联网”计划资金部分来自数字化弹射中心，部分来自合作伙伴的捐献。“物联网”计划不是用于商业目的，而是用于测试和跟踪新想法，一旦开发成功就可以在英国境内的任何商业网络上推广
开放权限平台（Open Permissions Platform，OPP）	英国创意产业是英国增长最快的产业之一，每小时可为英国经济带来960万英镑的收入，但是创意者无法跟踪他们成果使用情况，并获得应有的收入。开放权限平台（OPP）是一个完全开放的开源平台，其目的是解决跨行业中有效管理许可证和数字作品的出借等问题，允许创意者（摄影师、音乐家）跟踪他们的作品使用情况。基于数字弹射中心和版权中心之间的工作，该平台通过对所有行业的数字作品执行精准的机器对机器（M2M）事务和查询工作
5G：2020通信网络（5G：Communication networks for 2020）	5G能为数字经济提供灵活的通信系统，可广泛应用在医疗保健、网联汽车、制造业、智慧城市、智慧能源等领域。5G系统的首次试验已在2018年完成，并计划在2020年开始商业推广

七、未来城市弹射中心

未来城市弹射中心（Future Cities Catapult）成立于2013年7月，成员包括4个城市实验室、1个数据库和1个大规模物联网理事会等单位。未来城市弹射中心旨在推动与智慧城市发展相关的科技成果转化，促进城市、企业与大学合作开发商业化的城市整合系统解决方案，满足城市未来发展需求，促进城市生活质量提高。未来城市弹射中心关注所有关于城市发展的创新，未来城市弹射中心主要从事以下3项工作：

（1）向城市展示各种创新技术解决方案并证明其效果，促进协同创新，去除合作和市场化过程中的各种障碍。

（2）在未来城市技术创新中心的推动下，城市之间互相分享取得的成功经验。企业和大学合作共同为城市提供解决方案，并在城市中进行测试。

（3）金融家、律师和政府一起为创新方案的应用和市场化扫清障碍。

未来城市弹射中心承担的部分重点项目见表 5-7。

表 5-7　未来城市弹射中心承担的部分重点项目

项目名称	项目简介
生命急救交通控制系统（Life First Emergency Traffic Control，LIFE）	为了保证英国国家医疗服务体系（NHS）资金和避免罚款，英国的救护车在8分钟之内成功到达危及生命的病例现场的概率保持在75%以上。由“创新英国”资助、Red Ninja 领导的生命急救交通控制系统（LIFE）项目汇集了未来城市弹射中心，运输系统弹射中心等单位，以创新解决方案，来减少在关键时刻救护车到达现场的时间
Capstone 计划（Capstone Project）	未来城市弹射中心正在与欧洲英特尔实验室、帝国理工学院和伦敦大学学院合作进行项目。该项目旨在展示利用物联网解决城市问题的能力，重点在东伦敦的伊丽莎白女王奥林匹克公园（QEOP）开展。项目最后一个阶段称为“Capstone”，包括在公园中创建一个城市物联网演示，用作展示城市技术的试验台，以展示物联网解决方案解决城市问题的可能性。从长远来看，项目目标是确保伊丽莎白女王奥林匹克公园成为创新和尖端技术的温床
智慧校园-格拉斯哥大学（Smart Campus - University of Glasgow）	新技术造就了大规模开放在线课程（MOOC）的突然增长，急剧改变了接受教育的途径和方式，破坏了传统的教学方法。未来城市弹射中心正与格拉斯哥大学合作制定了智慧校园的战略，在保留文化传统的前提下，充分利用先进技术，帮助大学提升学习、研究和校园生活质量

八、能源系统弹射中心

能源系统弹射中心成立于 2015 年，成立目的在于引导英国完成整个能源系统的转变，抓住在这一转变过程中产生的商业机会。能源系统弹射中心支持英国能源工业中快速增长的中小型企业和创新机构，在世界能源变革的大环境下把握时机。能源系统弹射中心承担的部分重点项目见表 5-8。

表 5-8　能源系统弹射中心承担的部分重点项目

项目名称	项目简介
智能供热系统项目（Smart Systems and Heat Programme）	该项目旨在创造智能化的供热管理系统。通过开发一整套智能软件系统来设计个性化的供热计划，提高建筑物中的供热效率。能源系统弹射中心已于 2017 年年底完成软件的开发工作

续表

项目名称	项目简介
未来能源系统架构计划（Future Power System Architecture）	由于英国的电力系统会在接下来的十几年发生巨大的结构性变化，能源系统弹射中心希望能从一个宏观角度更好地来应对这一变化。这一计划的第一阶段在2016年10月完成，主要确立了目前电力系统中35项全新或急需扩展的功能。正在进行的第二阶段则是对这35项功能的测试和验证。未来将要开展的第三阶段工作主要集中在筹划新型电力系统中各项功能的细节

九、精准医疗弹射中心

精准医疗弹射中心成立于2015年4月，总部位于剑桥生物医学园内，还分别在曼彻斯特、格拉斯哥、利兹、卡迪夫、牛津和贝尔法斯特等地设有区域中心，组成了精准医疗弹射中心网络。精准医疗弹射中心成立的目的是使英国成为国际精准医疗行业的领导者，加快发展有益于患者、生命科学和医疗产业的精准医疗，通过科研创新使得精准医疗尽快面向更多人群，并推动英国经济增长。精准医疗弹射中心承担的部分重点项目见表5-9。精准医疗弹射中心将会在以下5个关键领域开展工作：

（1）团结带领医疗科研、工业的领导者，通过重塑并规划国内外发展战略、优先等级和项目来吸引投资和推动增长。

（2）建立一个国家级网络，通过治理、整合、协同已建成的合作组织和精准医疗弹射中心网络来重新规划发展路线。

（3）为第三方（中小型企业、工业界、学术界）提供样品试制和试验台功能（知识、工具和技术），获得分子诊断试验的快速认证和批准。

（4）开放资料权限，建立精准医疗临床试验来加快发展速度。

（5）降低精准医疗门槛，一步一步地推动精准医疗的商业化，使中小型企业尽快进入英国国家医疗服务体系（NHS）和其他医疗健康系统。

表5-9 精准医疗弹射中心承担的部分重点项目

项目名称	项目简介
FeNO 测试（FeNO Test）	FeNO测试是用来诊断哮喘和慢性阻塞性肺病的一项突破性技术。由于上述两种疾病的影响范围广、破坏性大且难以治疗，英国公共卫生系统每年花费巨大，传统治疗方案往往只有一种普适性治疗手段。精准医疗弹射中心计划将呼吸道阻塞的两种检查手段相结合，根据每个患者的不同情况分类，并制定个性化的治疗方案

十、医药研发弹射中心

医药研发弹射中心成立于 2016 年，中心位于阿尔德利。作为一个国家级的医药研发中心，医药研发弹射中心将致力于在整个英国开展合作项目，推动和支持新型医药研发的创新性和时效性。医药研发弹射中心重视加强医药相关行业各类型人员的合作，主要包括大小企业、技术转移人员、技术专家、患者团体、合同研究和投资者。医药研发弹射中心成立的目的是将创新思想转化为商业产品和服务，位于柴郡的阿尔德利弹射中心总部包括细胞培养实验室、人体组织分析实验室和物理测量实验室，实验室可提供质谱分析和多种生物分析方法。医药研发弹射中心还会在全国各地设立相关设施，为医药行业相关人员提供专业的技术支持和资金支持。

十一、复合半导体应用弹射中心

复合半导体应用弹射中心成立于 2016 年，成立目的是为正在开发新型半导体材料、半导体设备的企业和正在开发用户终端应用的企业架起桥梁。通过和这些企业及其互补的研究机构合作，复合半导体应用弹射中心希望能在南威尔士地区建立起世界领先的复合半导体产业集群。复合半导体应用弹射中心将致力于协助工业界充分利用过去20年间英国科学家所取得的巨大科研成果，加快复合半导体在医疗卫生、能源交通、国防安全等各大关键应用领域的商业化进程，提供转化型研究设施。该中心地处英国威尔士地区，可以联合横跨整个供应链的初创公司、中小型企业和跨国公司等科研实力强劲的企业共同开发利用这一新兴市场。此外，复合半导体应用弹射中心将成为海外投资的热点，为现有的英国企业发展起到稳固和助力作用。复合半导体应用弹射中心与南威尔士地区有关机构共同投资，目前卡迪夫大学复合半导体研究所已投入约 8000 万英镑，卡迪夫大学和英国 IQE 晶片公司联合投资约 4000 万英镑 。

第三节　英国现有弹射中心介绍

英国现有弹射中心基本情况见表 5-10 ~ 表 5-20。

表 5-10　高价值制造弹射中心

机构名称	高价值制造弹射中心（High Value Manufacturing Catapult）
建立必要性	高价值制造业是英国工业和制造业发展的催化剂，大力发展高价值制造业，有利于刺激英国经济增长。高价值制造弹射中心将以市场需求为导向，推动先进制造重点领域发展，从而提升英国国内生产总值，使其在全球舞台更具有竞争力

续表

发起部门	英国商业、能源和产业战略部
管理机构	“创新英国”公共机构
成立时间	2011 年
所在地点	格拉斯哥、谢菲尔德、塞奇菲尔德、安斯蒂、布里斯托和考文垂
研究领域	制造技术和工艺
成员单位	共包括 7 家分中心：格拉斯哥的先进成型研究中心（AFRC）、谢菲尔德的先进制造研究中心（AMRC）、塞奇菲尔德的流程创新中心（CPI）、安斯蒂再制造技术中心（MTC）、布里斯托的国家综合中心（NCC）、谢菲尔德的核先进制造研究中心（NAMRC）和考文垂的华威制造集团（WMG）
资　　金	英国政府超过 1.4 亿英镑的投资及相匹配的私营企业的投资
主要活动	主要活动包括封闭的组织数据、个人数据、创意内容和物联网

表 5-11　细胞与基因疗法弹射中心

机构名称	细胞与基因疗法弹射中心（Cell and Gene Therapy Catapult）
建立必要性	细胞与基因疗法的发展、开发，可以为患者提供更快捷有效的治疗，也使英国成为细胞与基因疗法的全球领导者
发起部门	英国商业、能源和产业战略部
管理机构	“创新英国”公共机构
成立时间	2012 年
所在地点	伦敦
研究领域	细胞与基因疗法产业
成员单位	2 家英国中小型企业、3 家英国大型企业、3 所英国大学、2 个国际组织和 1 家国际公司等
资　　金	企业合同研究、公共和私营部分共同资助的合作研发项目和政府补助各占 1/3
主要活动	开展产品的临床试验，并进行下一步投资；提供临床专业知识；提供专业技术和基础设施；提供管理经验，确保产品能在最短的时间内得到临床安全应用；在国内和全球范围内开展合作；推动技术进步并实现商业化应用

表 5-12　运输系统弹射中心

机构名称	运输系统弹射中心（Transport System Catapult）
建立必要性	高效的运输系统是英国必不可少的，关乎着人民的生活和社会财富。运输系统弹射中心立足于交通运输系统新产品和服务开发，支持传输和系统的集成，使英国建立全球的运输模型，发展完善的运输系统

续表

发起部门	英国商业、能源和产业战略部
管理机构	“创新英国”公共机构
成立时间	2012 年 5 月
所在地点	米尔顿·凯恩斯
研究领域	自动运输系统，建模与可视化，客户体验和信息交流
成员单位	由非盈利组织、企业、高校、科研院所构成
资　　金	企业合同研究、公共和私营部分共同资助的合作研发项目和政府补助各占 1/3
主要活动	规划自动交通系统，创办可视化实验室，参与大学合作伙伴计划

表 5-13　近海可再生能源弹射中心

机构名称	近海可再生能源弹射中心（Offshore Renewable Energy Catapult）
建立必要性	近海可再生能源中心致力于消除行业创新的障碍，有效使用可再生能源，确保英国在此行业的领军地位和创新能力
发起部门	英国商业、能源和产业战略部
管理机构	“创新英国”公共机构
成立时间	2012 年
所在地点	格拉斯哥
研究领域	风、潮汐和波浪等近海可再生能源
成员单位	由非盈利组织、企业、高校、科研院所构成
资　　金	目前，正在运行项目的资金来自欧洲区域 2007—2013 年发展基金、框架计划、区域增长基金、战略投资基金、“创新英国”、单计划署和其他中央计划项目
主要活动	进行核心技术研究，为动力传动系统、电气系统等提供测试和示范

表 5-14 卫星应用弹射中心

机构名称	卫星应用弹射中心（Satellite Application Catapult）
建立必要性	根据英国《空间创新战略》和《增长战略》，2030 年卫星应用领域的全球产业规模预计达 400 亿英镑。为了确保英国在空间的话语权，利用卫星应用获得更大的经济效益，特设立卫星应用弹射中心
发起部门	英国商业、能源和产业战略部
管理机构	“创新英国”公共机构
成立时间	2013 年 5 月
所在地点	哈威尔
研究领域	卫星服务

续表

资　　金	企业合同研究、公共和私营部分共同资助的合作研发项目和政府补助各占 1/3
主要活动	目前所进行的项目包括市场开拓、技术探索、海事及运输，密切结合英国《空间创新战略》和《增长战略》，促进英国经济发展

表 5-15　未来城市弹射中心

机构名称	未来城市弹射中心（Future Cities Catapult）
建立必要性	预计到 2050 年，70%的人们将居住在城市地区。但由于人口老龄化、经济发展和气候变化等多重因素，城市系统正在满负荷运行。设立未来城市弹射中心，开发新技术和新工艺，发展弹性的城市基础设施，可用于帮助城市更好地运行
发起部门	英国商业、能源和产业战略部
管理机构	“创新英国”公共机构
成立时间	2013 年 7 月
所在地点	伦敦
研究领域	高价值、全面性城市综合解决方法
成员单位	4 个城市实验室，1 个数据库和 1 个大规模物联网理事会
资　　金	企业合同研究、公共和私营部分共同资助的合作研发项目和政府补助各占 1/3
主要活动	未来城市实验室，未来的城市开放平台和未来城市融资

表 5-16　数字化弹射中心

机构名称	数字化弹射中心（Digital Catapult）
建立必要性	当前，全球体现出数字互联的特点，内容、数据、消费者或公民、企业和物理世界将会以新的方式连接。这种融合将继续改造传统的价值链和商业模式，创造新的市场。因此有必要设立数字经济中心，寻求新的增长机会。数字化弹射中心采取互联网连接方式，创造经济增长点
发起部门	英国商业、能源和产业战略部
管理机构	“创新英国”公共机构
成立时间	2014 年 11 月
所在地点	伦敦、布莱顿、约克郡、北爱尔兰、桑德兰
研究领域	封闭的组织数据、个人数据、创意内容和物联网
成员单位	下设 4 个分中心，分别位于布莱顿、约克郡、北爱尔兰和桑德兰
资　　金	企业合同研究、公共和私营部分共同资助的合作研发项目和政府补助各占 1/3
主要活动	数字媒体和内容的交易与使用；提高数字服务的普适性，提高云计算和身份管理等新技术和系统的影响；数字与物理世界的融合

表 5-17　能源系统弹射中心

机构名称	能源系统弹射中心（Energy System Catapult）
建立必要性	虽然在英国已经有不少关于能源系统的创新活动，但其基础技术产品和服务仍然很难进入市场，特别是对中小企业，仍面临不少困难。主要包括该领域被严格限制，具有一定的垄断性；中小企业没有足够的资源来开拓市场；大多数新技术、新产品和新服务在使用前要求严格的测试和演示；集成端到端的解决方案专业知识储备不足；缺乏对英国的能源系统发展前景的了解，业界和市场缺乏信心。 为了解决以上问题，特设立能源系统弹射中心
发起部门	英国商业、能源和产业战略部
管理机构	“创新英国”公共机构
成立时间	2015 年
所在地点	伯明翰
研究领域	电、热和可燃气体
成员单位	与一些组织包括英国能源系统领先的大学、研究中心，以及一些私人企业尤其是中小型企业共同合作，发展创新能源新系统技术
资　　金	企业合同研究、公共和私营部分共同资助的合作研发项目和政府补助各占 1/3
主要活动	在系统集成方面，提供设计、实施和推广解决方案；制定整体系统的建模，以支持整个系统的需求和解决方案的分析；建立数据库，开展需求分析、解决方案和策略等研究；制定快速原型和测试能力；提供进程和技能支持的示范设施管理访问；开展市场、监管和战略问题研究，有助于保证技术方向与国家目标相匹配；开展项目可行性论证

表 5-18　精准医疗弹射中心

机构名称	精准医疗弹射中心（Precision Medicine Catapult）
建立必要性	精准医疗弹射中心立足于帮助识别并提供针对单个患者的恰当医疗方案，帮助相关企业开发新疗法并降低卫生费用的支出
发起部门	英国商业、能源和产业战略部
管理机构	“创新英国”公共机构
成立时间	2015 年 4 月
所在地点	剑桥、北英格兰、北爱尔兰、苏格兰、威尔士、南英格兰
研究领域	精准医疗
成员单位	与大学、研究中心、研发部门、大型企业和中心型企业相合作，共同发展精准医学诊断中心
资　　金	来自政府 10 亿英镑的研究基础设施投资，以及一些私人企业的投资资金
主要活动	业务发展：建立成长社区，聚集专家，建立投资准备单元；测试开发技术服务：评估能力和差距，支持实验室和临床验证，制定卫生经济学和商业案例；临床试验服务；数据服务：特定疾病数据库的数据分析；健康挑战的伙伴关系：与安全 NHS 的承诺

表 5-19　医药研发弹射中心

机构名称	医药研发弹射中心（Medicine Discovery Catapult）
建立必要性	建立医药研发弹射中心的目的是使英国成为药物开发过程的世界领军者，提供更好的预测方法，提前识别安全性与有效性不过关的药物，大幅度削减劣质药物数量，从而节省巨大开支费用
发起部门	英国商业、能源和产业战略部
管理机构	“创新英国”公共机构
成立时间	2016 年
所在地点	阿尔德利
研究领域	生物医药研发、药物数据预测分析、细胞培养、物理测量
成员单位	由非盈利机构、企业、高校、科研院所构成
资　　金	企业合同研究、公共和私营部分共同资助的合作研发项目和政府补助
主要活动	医药研发弹射中心在药物探索的最早阶段，与学术界、工业界和监管部门共同协作，来识别和验证相关技术，从而发现可行的药物；分析技术，将其发展为商业上可行的解决方案。医药研发弹射中心还提供专业知识，以支持小型和发展中企业，并与更大的生物医学公司密切合作

表 5-20　复合半导体应用弹射中心

机构名称	复合半导体应用弹射中心（Compound Semiconductor Applications Catapult）
建立必要性	复合半导体是当今使用的许多设备的核心，从智能手机到平板电脑和卫星通信系统。复合半导体用处极广，从安全到健康诊断，尤其对 5G 网络开发中心、新的高效照明系统、下一代电动汽车和新的成像技术具有核心意义
发起部门	英国商业、能源和产业战略部
管理机构	“创新英国”公共机构
成立时间	2016 年
所在地点	威尔士
研究领域	医疗保健、数字经济、能源、交通、国防安全
成员单位	弹射中心作为一个开放的机构，与初创公司、中小企业、大型企业、相关的英国学术部门合作
资　　金	企业合同研究、公共和私营部分共同资助的合作研发项目和政府补助各占 1/3
主要活动	复合半导体应用弹射中心注重“后铸造”操作，将集中面对 4 方面技术的挑战：电力电子、射频/微波（如无线）、光子（如光电）和传感器

区域篇

第六章

北京市

北京市作为首都，是全国科技创新中心，集聚了丰富的科技智力资源，高校、科研院所、高新技术企业众多，有着得天独厚的禀赋，在全国城市科技创新指数中位列第一。作为全国科技创新中心，北京市要发挥好示范辐射带动作用，凝聚各类创新主体，强化区域协同。

围绕工业和信息化部《关于完善制造业创新体系，推进制造业创新中心建设的指导意见》及相关制造强国战略部署，北京市聚焦新一代信息技术、智能制造、“新能源+智能网联”汽车等 10 个高精尖产业布局，遴选具有较大影响力和号召力的龙头型、平台型企业发起组建市级制造业创新中心，梯度培育升级为国家制造业创新中心。北京市持续加强政策引导、完善创新体系、优化创新环境，推进创新链、产业链、资金链、政策链深度融合，在不同领域创建了特色鲜明的制造业创新中心。目前，北京市已创建国家动力电池创新中心（国内首家）、国家轻量化材料成形技术及装备创新中心和国家智能网联汽车创新中心 3 家国家制造业创新中心，以及 10 家市级制造业创新中心，取得阶段性成效。

第一节　政策文件

（1）持续完善顶层设计和总体布局。按照工业和信息化部关于制造业创新中心的总体部署，北京市先后发布了《北京市产业创新中心实施方案》《关于加快全国科技创新中心建设，促进重大创新成果转化落地项目管理暂行办法》《北京市高精尖产业发展资金管理暂行办法》等文件，初步构建了制造业创新中心建设的顶层设计。创新中心建设本着“成熟一个、启动一个、一企一例、一例一策”的原则逐步推动。

（2）北京市制造业创新中心对接工业和信息化部国家制造业创新中心建设工程，采取“市场导向、企业主体、协同协作”的方式，力求在组织形式、产学研合作、成果转化及首次商业化应用等方面探索新路径。

（3）进一步加大对制造业创新中心的支持，鼓励北京市各区出台配套支持措施，形成市、区两级共同支持制造业创新中心的合力，为制造强国建设提供有力支撑。

第二节　建设进展

目前，北京市已经建立北京石墨烯产业创新中心、北京医疗机器人产业创新中心、北京工业大数据产业创新中心、北京智能车联产业创新中心、北京人工智能基础研究创新中心、北京人工智能专利创新中心、北京智能社会创新中心、北京工业技术软件化创新中心、海绵城市产业创新中心、先进动力电池系统创新中心、北京军民融合特种机器人产业创新中心 11 家市级制造业创新中心，以及国家动力电池创新中心、国家轻量化材料成形技术及装备创新中心、国家智能网联汽车创新中心 3 家国家制造业创新中心。北京市制造业创新中心建设进展见表 6-1。北京市制造业创新中心表现出以下特点：

（1）组建依托的企业具有较大行业号召力和影响力。例如，国家轻量化材料成形技术及装备产业创新中心通过院所整体转制的方式而建设，作为中央科研院所转制的企业，在行业内实力雄厚，具有重要的带动作用；国家智能网联汽车创新中心通过整合国内整车、零部件、信息通信、互联网等 18 家龙头企业，汇聚多元化创新资源和行业优势，共同组建成立国汽（北京）智能网联汽车研究院有限公司，形成以独立法人形式运行的新型创新载体。

（2）聚焦前沿和共性关键技术开发，突破行业发展瓶颈。例如，国家动力电池创新中心围绕关键材料、动力电池、电池系统的攻关突破，打造“三横三纵”的科技成果孵化与转化平台，实现技术与产业无缝对接；国家轻量化材料成形技术及装备创新中心于 2018 年获得省部级科技奖励 5 项，在轻合金制备工艺及技术等 8 个关键技术领域取得重要突破。

（3）突出研发外包，联动创新轴、转化轴、孵化轴和产业轴。例如，石墨烯产业创新中心以“创新驱动、需求牵引、协同发展”为发展理念，建立了以项目转移落地为核心的研发服务外包模式。

表6-1 北京市制造业创新中心建设进展

序号	中心名称	建设进展	成立时间
1	国家动力电池创新中心	国家级	2016年
2	国家轻量化材料成形技术及装备创新中心	国家级	2017年
3	国家智能网联汽车创新中心	国家级	2018年
4	北京石墨烯产业创新中心	省级	2017年
5	北京医疗机器人产业创新中心	省级	2017年
6	北京工业大数据产业创新中心	省级	2016年
7	北京智能车联产业创新中心	省级	2016年
8	北京人工智能基础研究创新中心	省级	2018年
9	北京人工智能专利创新中心	省级	2018年
10	北京智能社会创新中心	省级	2017年
11	北京工业技术软件化创新中心	省级	2018年
12	海绵城市产业创新中心	省级	2018年
13	先进动力电池系统创新中心	省级	2017年
14	北京军民融合特种机器人产业创新中心	省级	2019年

第七章

广东省

近年来，广东省大力加强创新体系建设，积极推进科技成果产业化对接，区域创新综合能力继续保持全国第一。2018年，广东省研发投入总量超过2500亿元，占GDP比重预计达2.65%，技术自给率达73%；有效发明专利数量、以专利合作条约（PCT）方式申请的国际专利数量及专利综合实力持续位居全国首位。广东省面向制造业创新发展的重大需求，以制造业创新中心建设为途径，在新一代信息技术、高端装备、新材料、生物医药、新能源等战略性新兴产业领域布局建设了20家省级制造业创新中心，并在此基础上创建了国家印刷及柔性显示创新中心，逐步构建以制造业创新中心为核心节点的制造业创新体系，为推动制造强省、实现制造业高质量发展提供强有力支撑。

第一节　政策文件

制造业创新中心建设工程实施以来，国家对广东创新中心建设工作高度重视，《粤港澳大湾区发展规划纲要》（以下简称《规划纲要》）明确提出“优化创新资源配置，建设培育一批产业技术创新平台、制造业创新中心和企业技术中心”；《中共中央 国务院关于支持深圳建设中国特色社会主义先行示范区的意见》提出“大力发展战略性新兴产业，在未来通信高端器件、高性能医疗器械等领域创建制造业创新中心”，工业和信息化部将支持广东省“创建国家级制造业创新中心”列入部省合作框架协议。近年来，广东省出台了《广东省工业企业创新驱动发展工作方案（2016—2018年）》《加快发展战略性新兴产业行动计划（2018—2022年）》，明确围绕战略性新兴产业重点领域创建省级制造业创新中心，提升创新型产业新优势。制定《广东省制造业创新中心建设实施方案》，在功能定位、运行机制等方面学习和借鉴国家制造业创新中心创建模式，按照省级制造业创新中心升级为国家制造业创新中心的条件要求高标准组织创建工作。广东省政府出台《广东省降低制造业企业成本支持实体经济发展若干政策措施（修订版）》，对制造业新兴支柱产业重大项目、新技术研发及产业化、扩产增效、产业链上下游配套协作等予以支持，为制造业创新中心建设营造了良好的政策环境。

第二节　建设进展

广东省制造业创新中心建设工作紧紧围绕新一代信息技术、高端装备制造、绿色低碳、生物医药、数字经济、新材料、海洋经济等战略性新兴产业及制造业转型升级需求，整合产业链上下游创新资源，聚焦国家和广东省经济发展重大需求，由龙头企业、科研院所、高校等各类创新主体自愿组合、以独立企业法人形式创建的创新平台。

（1）以产业发展带动制造业创新中心建设。例如，广东省新型显示产业在体量、技术水平、产业链分布等方面都具有明显优势，从材料、产业制程、面板到整机的全产业链水平居国内领先。近年来，广东省率先发展 4K 超高清视频产业。4K 电视产量、4K 显示面板产能均居全国第一，成为全球主要的面板生产基地。广东省以此为重点领域，以“企业法人+联盟”的形态，整合深圳市华星光电技术有限公司、天马微电子股份有限公司、东莞中电熊猫科技发展有限公司等多家显示面板行业骨干企业、高校、科研机构，并与多家国外知名材料、设备企业达成战略合作协议，组建了国家印刷及柔性显示创新中心。通过培育壮大相关产业，激发产业创新需求，营造产业创新生态，推动制造业创新中心面向产业发展重大需求开展建设，加快完成关键共性技术研发供给、转移扩散和首次商业化等建设目标。

（2）以创新能力建设加快创新成果产出。按照国家制造业创新中心建设相关要求，认真指导制造业创新中心按照既定实施方案稳步推进，大力支持创新能力建设。多个制造业创新中心以创新能力项目建设为支撑，不断完善研发平台、开展技术研发、打造创新型人才团队、完善专利布局，初步完成阶段性任务目标，在平台建设、技术攻关、人才培养、产业孵化等方面取得突破。

（3）以质量为先导提高制造业创新中心建设水平。详细摸查全省创新资源及产业链龙头企业，对优质项目进行了全面辅导。在此基础上，每年组织一批省级制造业创新中心的遴选活动。对所有制造业创新中心按照“成熟一个批复一个”的原则进行组建，全面提升建设质量。同时为落实“一核一带一区”区域发展要求，带动粤东、粤西、粤北地区制造业创新发展，逐步探索建设符合当地产业发展需求、服务于特色产业集群提质升级的制造业创新中心，拓展制造业创新中心内涵，提高对相关产业的支撑带动作用。

通过近几年的建设，广东省初步构建起开放型区域创新体系，以创新为主要引领和支撑的经济体系和发展模式正加速形成，为建设制造强国和制造业高质量发展不断提供宝贵经验和成功范例。计划到2020年，广东省制造业创新体系核心初具规模，在重点领域创建超过 20 家制造业创新中心；到 2025 年，在战略性新兴产业及传统优势产业领域再创建一批制造业创新中心，进一步完善广东省制造业创新体系，促进广东省制造业创新能力显著增强，显著提高劳动生产效率。截至 2019 年 10 月，广东省已经布局建设 4 个批次、共 20 家省级制造业创新中心，其中国家印刷及柔性显示创新中心已经升级为国家制造业创新中心。制造业创新中心建设取得较大进展，部分省级制造业创新中心建设成果丰硕，具体如下：

（1）广东省未来通信高端器件创新中心（以下简称未来通信创新中心）搭建了新一代移动通信开放验证公共服务平台。未来通信创新中心成立了涵盖三大运营商、华为技术有限公司（以下简称华为）、中兴通讯股份有限公司等产业链龙头企业和高校及科研机构的5G产业技术联盟，成员单位达200余家，覆盖通信领域 60%以上国家级创新平台。未来通信创新中心和国内已有量产工艺设施和生产能力的半导体技术企业合作解决中频段的量产技术问题，加速企业完成从中试到量产跨越。未来通信创新中心已在通信领域取得众多研发成果，实现多个技术突破，完成 6 项发明专利申请。未来通信创新中心参与举办了汇芯（中国）产业技术发展论坛、全国集成电路“创业之芯”大赛、大学生集成电路设计·应用创新大赛、全国大学生集成电路创新创业大赛等大型活动，进一步辐射和支持产业发展。

（2）广东省半导体智能装备和系统集成创新中心（以下简称半导体创新中心）重点建设大板级扇出型封装示范线。半导体创新中心将于 2019 年 12 月完成示范线基本建设，具备设备验证及产品测试等公共服务能力。在技术研发方面，半导体创新中心围绕半导体封装、检测装备及关键共性技术开展技术攻关，已攻克高速阵列式大板贴片设备、大板高精度全自动光学检测（AOI）设备关键技术，完成塑封、真空压合、重新布局布线等大板级扇出型封装关键工艺研发，已申请30余项国家发明专利。在企业服务方面，半导体创新中心已建成 $300m^2$ 测试服务中心（投入扫描电镜、X 射线光谱仪等设备），联合华为、中国电工科技集团有限公司、广东光华科技股份有限公司、TOWA 半导体设备有限公司等国内外装备商、材料商、终端用户共同成立大板级扇出型封装创新联合体，于 2019 年 2 月和 2019 年 6 月举办两场国际大板级扇出型封装研讨会，对标国际先进水平，突破我国半导体封装关键技术。

（3）广东省石墨烯创新中心（以下简称石墨烯创新中心）成立了由诺贝尔物理学奖获得者安德烈•盖姆教授领衔的技术专家委员会。按照国际一流石墨烯研究院和国家制造业创新中心建设的标准，布局建设用于石墨烯新材料中试及配套设施。石墨烯创新中心运营至今已申请发明专利 20 项，创收 500 多万元。目前，石墨烯创新中心正与深圳市清新电源研究院合作参与工业和信息化部组织的国家先进制造业集群竞赛。石墨烯创新中心已与康佳集团股份有限公司成立孵化器合资公司，入驻孵化项目 2 个。

（4）广东省宽禁带半导体材料及器件创新中心（以下简称宽禁带半导体创新中心）完成了第三代半导体测试及可靠性分析试验中心一期工程基础建设，新添置 1200 万元设备。宽禁带半导体创新中心组织实施新产品研发项目 5 个，投入规模 1500 余万元，申报发明专利 2 个，引进企业合作伙伴 5 家。宽禁带半导体创新中心将在 2019 年完成 8000m^2 产业链企业孵化器规划设计工作。

广东省制造业创新中心建设进展见表 7-1。

表 7-1　广东省制造业创新中心建设进展

序　　号	中 心 名 称	建设进展	成立时间
1	国家印刷及柔性显示创新中心	国家级	2016 年
2	广东省机器人创新中心	省级	2016 年
3	广东省轻量化高分子材料创新中心	省级	2016 年
4	广东省智能网联汽车创新中心	省级	2017 年
5	广东省智能海洋工程创新中心	省级	2017 年
6	广东省半导体智能装备和系统集成创新中心	省级	2017 年
7	广东省未来通信高端器件创新中心	省级	2018 年
8	广东省高性能医疗器械创新中心	省级	2018 年
9	广东省小分子新药创新中心	省级	2018 年
10	广东省石墨烯创新中心	省级	2018 年
11	广东省能源互联网创新中心	省级	2018 年
12	广东省智能化超声成像技术装备创新中心	省级	2018 年
13	广东省工业云制造创新中心	省级	2018 年
14	广东省宽禁带半导体材料及器件创新中心	省级	2018 年
15	广东省小家电智能制造区域创新中心	省级	2018 年

续表

序　　号	中 心 名 称	建设进展	成立时间
16	广东省高档数控机床及关键功能部件创新中心	省级	2019 年
17	广东省智能化精密工具创新中心	省级	2019 年
18	广东省 cps 离散制造数字化创新中心	省级	2019 年
19	广东省智能家电创新中心	省级	2019 年
20	广东省超高清视频创新中心	省级	2019 年

第八章

江苏省

江苏省作为我国制造业强省，制造业的整体收入和利润居全国首位，区域创新能力连续八年位居全国第一。依托制造业创新优势基础，江苏省在全国率先启动制造业创新中心建设工作，2015 年出台《关于开展江苏省制造业创新中心（第一批）试点的通知》，明确了创新中心组建要素、建设的基本原则和建设方案。2016 年发布了《关于培育省制造业创新中心的通知》，明确了创新中心试点必须经过培育，并具备“八有”条件。江苏省重视创新中心建设工作，按照“行业推进、自主自愿、滚动培育、允许纠错、成熟一家、试点一家”的原则，围绕江苏省内13个先进制造业集群和优势产业，强化共性技术研发和通用新产品研发和产业化，布局建设了两批省级制造业创新中心，试点建设了 8 家省级制造业创新中心。其中，省级先进功能纤维创新中心升级为国家制造业创新中心。到 2025 年，江苏省力争建成 15 家左右省级制造业创新中心，积极创建国家制造业创新中心。

第一节　政策文件

2015 年，江苏省印发《关于开展江苏省制造业创新中心（第一批）试点的通知》，明确了制造业创新中心（以下简称创新中心）组建要素和建设方案要点“八有”要求，即有明确的产业共性技术发展方向和目标；有系统可行的发展规划；有产业链的重要客户、上下游企业、相关重点学科的科研院所和高校等单位作为股东成员组建公司；有吸引可持续投资和商业运行的能力；有科学合理的章程或规章制度；有明确的组织架构和管理队伍；有“开放合作协同创新”机制和服务行业的能力；有吸引和培养高层次研发人员和工程技术人才的能力。2016 年，江苏省印发《关于培育省制造业创新中心的通知》，进一步明确创新中心的依托主体必须是多方出资的独立企业法人，以保证其能为行业发展提供支撑和服务；创新中心要系统研究并建立完善创新中心运营的体制机制，以保证其能在市场经济中发展壮大；创新中心要详细研究制定创新中心五年发展规划等要求，以推动省级创新中心建设。2018 年，江苏省印发《关于做好第二批培育省制造业创新中心有关工作的通知》，明确要按照“先培育、后试点”的原则，对达到条件要求的创新中心批复试点，给予政策支持。

第二节　建设进展

江苏省已试点建设了 8 家省级制造业创新中心，培育了 27 家（分两批进行培育，目前正在进行第三批的梳理），争创了 1 家国家创新中心。表 8-1 为江苏省制造业创新中心建设进展。

表 8-1　江苏省制造业创新中心建设进展

序　号	中心名称	建设进展	成立时间
1	国家先进功能纤维创新中心	国家级	2018 年
2	江苏省先进封装与系统集成制造业创新中心	省级	2016 年
3	江苏省原创化学药创新中心	省级	2016 年
4	江苏省高档数控机床及成套装备创新中心	省级	2018 年
5	江苏省高端工程机械及核心零部件创新中心	省级	2018 年
6	江苏省物联网技术与应用协同创新中心	省级	2018 年
7	江苏省新能源汽车能源与信息创新中心	省级	2018 年
8	江苏省石墨烯创新中心	省级	2018 年

江苏省省级创新中心均采用了“企业+联盟”的模式运行，以江苏省内产业链主要环节的龙头企业作为成员单位，多方出资成立了省级创新中心的依托公司；产业联盟包含了“政产学研融”相关创新资源，产业联盟成员总数近 480 家。省级创新中心明晰了市场化运作机制，均建有理事会和专家技术委员会，建设和完善了公司运行的内部管理机制，保障了创新中心市场化运作。省级创新中心开展了关键共性技术的研发，针对卡脖子的行业关键共性技术建立技术研发平台，招引领军人才、研发人才和高等技术人才等各类人才近 800 人。省级创新中心共拥有授权专利超 300 项，申请专利近 770 项。省级创新中心搭建了技术转移和对外交流平台，已有 5 家搭建了技术研发和转移平台，这些创新平台面向行业开放，接受技术研发委托和检测检验，服务各行业企业超过 400 家；已有 4 家省级创新中心开展了对外交流，与国际知名高校、企业建立了合作关系。

具体来看，江苏省先进封装与系统集成制造业创新中心初步建成国内领先、国际一流的半导体封测先导技术研发中心，是国内大型国产设备验证应用基地之一，通过技术输出衍生孵化了6家科技型企业，测试平台为超过400家企业提供了服务，在全省率先实现了盈利。江苏省高端工程机械及核心零部件创新中心重点启动全自动变速箱等20多个关键传动和液压零部件研发项目，目前已完成了样机试制，解决了部分关键核心零部件空心化和受制于国际进口的瓶颈问题。国家先进功能纤维创新中心围绕高端纤维材料及纺织品、功能纤维新材料、前沿纤维新材料等领域，构建功能纤维高效成形中试及产业化平台、前沿纤维培育与孵化平台、纤维工程设计与应用集成平台。2018年，新试点的江苏省物联网技术与应用协同创新中心、江苏省新能源汽车能源与信息创新中心都明确了建设发展方向和目标任务，正在大力推进建设。

第九章

陕西省

陕西省高校和科研院所众多，人才资源密集，科技资源丰富。区域科技创新能力全国排名第 9，已经成为西部地区的区域科技创新中心，在区域科技与经济发展中发挥着创新引领、带动和示范的作用。为进一步落实创新驱动发展战略，完善制造业创新体系，陕西省着眼现代化工、新材料、汽车工业、航空航天与高端装备制造、新一代信息技术、生物医药 6 大支柱产业及 14 个重点产业领域，积极推进制造业创新中心建设工作。完善顶层设计，明确中心建设的总体部署、思路原则、具体任务和保障措施。健全工作机构，设立“陕西省制造业创新中心建设办公室”，组建制造业创新建设专家组，积极发挥财政资金引导作用，统筹稳步推进制造业创新中心建设工作。截至目前，陕西省已批复国家增材制造创新中心 1 家国家制造业创新中心，分 3 个批次筹建了 18 家省级制造业创新中心，其中 8 家获得认定。

第一节　政策文件

近年来，陕西省扎实推进制造业创新中心建设，持续加强制造业创新中心（以下简称创新中心）工作的顶层设计和布局，制定加强创新中心建设实施意见，明确创新中心建设的总体部署、思路原则、具体任务和保障措施，提出到 2020 年建设 10 家、到 2025 年建设 20 家的两个阶段建设目标。陕西省坚持“政府引导、企业主导、重点突破、试点先行、逐步推进”的思路，按照“一案一例一策”的方式，围绕 14 个重点产业领域和陕西省制造业转型升级需求，助力陕西省现代化工、新材料、汽车工业、航空航天与高端装备制造、新一代信息技术、生物医药 6 大支柱产业创新发展。

陕西省重视部门协同机制的建立和完善，设立了陕西省制造业创新中心建设办公室，统筹抓好各项工作；组建了制造业创新建设专家组，基本形成了完善的领导协调机制，大幅提高决策科学性和可行性。

陕西省出台了创新中心激励政策，通过财政资金引导创新中心建设。例如，对列入陕西省省级筹建的创新中心给予100万元资金支持，通过省级认定挂牌的创新中心给予1000万元资金支持，获得国家认定的创新中心给予5000万元以上资金支持。

第二节　建设进展

目前，陕西省已经建设了陕西省光电子集成创新中心、陕西省低阶煤分质利用创新中心、陕西省稀有金属材料创新中心、陕西省分布式（可再生）能源技术装备创新中心、陕西省生物酶催化创新中心、陕西省空天动力创新中心、陕西省无人机系统创新中心、陕西省贵金属材料创新中心8家省级创新中心。陕西省制造业创新中心建设进展见表9-1。

表9-1　陕西省制造业创新中心建设进展

序　　号	中心名称	建设进展	成立时间
1	国家增材制造创新中心	国家级	2016年
2	陕西省光电子集成创新中心	省级	2017年
3	陕西省低阶煤分质利用创新中心	省级	2017年
4	陕西省稀有金属材料创新中心	省级	2018年
5	陕西省分布式（可再生）能源技术装备创新中心	省级	2018年
6	陕西省生物酶催化创新中心	省级	2018年
7	陕西省空天动力创新中心	省级	2019年
8	陕西省无人机系统创新中心	省级	2019年
9	陕西省贵金属材料创新中心	省级	2019年

通过一段时间的建设运行，陕西省省级制造业创新中心表现出以下特点：

（1）牵头单位实力较为雄厚。发起单位多为大型国有企事业单位及行业骨干企业，资本雄厚、科研实力强劲、整合资源能力强。例如，陕西省稀有金属材料创新中心牵头单位为西北有色金属研究院，连续6年位于全国有色行业院所首位；陕西省光电子集成创新中心牵头单位为中国科学院西安光学精密机械研究所，以战略高技术创新与应用基础研究为主，承担并完成探月工程等多项国家重大任务。

（2）依托单位股东多元化。股东出资均衡，涵盖产学研，优势互补、协同创新。例如，陕西省光电子集成创新中心股东共有 7 家，陕西省生物酶催化技术创新中心股东共有 5 家。

（3）创新联盟发展较为迅速、覆盖面广。例如，陕西省光电子集成创新中心已发展联盟成员单位 25 家，包括 3 家高校、2 家科研院所、20 家企业；陕西省低阶煤分质利用创新中心发展联盟成员单位 13 家，包括 11 家高校和科研院所、2 家大型骨干设计单位；陕西省稀有金属材料创新中心涵盖了国家军用稀有金属材料科研生产基地等 12 个国家级中试平台和创新平台。

进 展 篇

第十章

国家动力电池创新中心

第一节　建设情况

一、组建情况

国家动力电池创新中心（以下简称创新中心）按照“公司+联盟”的模式组建。工业和信息化部部长苗圩在创新中心成立大会上指出，创新中心是由企业、科研院所、高校、产业基金和社会资本等各类创新资源，动力电池的需求方、技术研制方、产品制造方等多个方面自愿组合形成的以资本为纽带的核心层和以上下游技术为联盟的紧密层。

国联汽车动力电池研究院（以下简称国联研究院）于 2019 年 4 月设立，有股东单位 14 家，包括有研科技有限集团有限公司 1 家研发机构，北京华鼎新动力股权投资基金 1 家社会资本，中国一汽集团有限公司、东风汽车集团有限公司、重庆长安汽车股份有限公司、上海汽车集团股份有限公司、北京汽车集团有限公司、广州汽车集团股份有限公司、华晨汽车集团控股有限公司、郑州宇通客车股份有限公司 8 家整车企业，深圳市贝特瑞新能源材料股份有限公司 1 家电池材料企业，宁德时代新能源科技股份有限公司、天津力神电池股份有限公司 2 家电池企业，东软睿驰汽车技术（上海）有限公司 1 家电池系统企业，汇集了科研机构、整车企业、电池企业和产业基金等产业链上下游的创新资源。国联研究院股东单位是引领我国动力电池发展的大型骨干企业。2018 年，股东单位新能源汽车销量 50.32 万辆，占全国销量 41.22%；动力电池配套装车量 25.53GW · h，占全国装车量 44.85%。国联研究院依据《中华人民共和国公司法》建立了法人治理结构，制定了公司章程，设立了股东会、董事会、监事会，按照现代企业制度规范管理和运行。

中国汽车动力电池产业创新联盟（以下简称创新联盟）与创新中心同步组建，成员单位超过 170 家，创新联盟成员单位覆盖动力电池产业链上下游企业和技术链各领域，包含了除股东单位以外的骨干企业、高等院校、科研机构、检测机构，涵盖了国家重点实验室、国家工程技术研究中心、国家工程研究中心等国家级创新平台 8 个。工业和信息化部设立了指导委员会，创新联盟设立了理事会、技术委员会、秘书处，电池材料、动力电池、测试验证、工程装备、回收利用、燃料电池 6 个分会，以及技术标准专委会。

创新中心按照“公司+联盟”的模式组建，以国联研究院为核心，外延构建了创新联盟，建成了“小核心、大协作、广开放”的创新生态体系。

二、创新机制

按照市场化机制建设的要求，创新中心探索建设以企业为主体的技术创新机制、以市场为导向的运营管理机制和知识产权共享机制。

创新中心围绕动力电池产业重大需求，组织成员单位制定了中国汽车动力发展路线图，明确发展目标和关键技术问题，提出重大项目。在项目实施过程中，采取自主研发、委托研发和合作研发三种模式，协同创新。研发资金主要来源于股东投入、公司投入和政府经费支持，政府通过财政、政策支持并引导创新中心的建设和运行。创新中心建成了以企业为主体、政产学研相结合的技术创新机制。

创新中心还建立了以市场为导向的运营管理机制，实现自主经营、自负盈亏、自主发展、自主保障和可创新持续发展。一方面，基于现代公司管理体制，建立了资源保障市场化体制，通过市场化的方式获取人才、技术、资金等方面的资源；另一方面，建立了市场化的技术转移机制，采取技术孵化、技术服务和新产品开发等方式实现技术应用和转移转化。

在知识产权共享机制建设方面。创新中心建立了人才、设备、信息共享机制，成员单位共享共同研发成果，知识产权管理根据项目来源具体规定。国家资助项目和自立项目知识产权归创新中心所有，成员单位优先使用；委托项目在研发合同中规定。

第二节　运行情况

一、创新能力建设进展

创新中心致力于解决从实验室产品到产业化之间的关键共性技术问题，着力建设四大平台——动力电池协同攻关平台、动力电池测试验证平台、动力电池科技成果孵化与转化平台、动力电池行业共性工作组织平台。

动力电池协同攻关平台通过协同创新，突破动力电池行业关键共性问题。国联研究院围绕产业关键技术建设核心研发团队，在加拿大设立固态电池分支机构和西安大略大学固态电池实验室，利用创新中心成员单位的资源建设合作研发、委托研发的协同创新团队。

动力电池测试验证平台，建设关键材料、动力电池、电池系统和可靠性、安全性、计算仿真 5 个实验室，开展材料分析和动力电池功能测试、耐久性测试、环境适应性测试、安全性试验，提供法规性检测、设计验证和研究分析服务，促进和提升产品质量和安全性。

动力电池科技成果孵化与转化平台建设关键材料、动力电池、电池模块、电池系统中试试验线，开展工程熟化和产品设计的研究，对工艺规范、质量体系、人员培训和用户培育等要素进行集成，形成成套技术；建立了“技术+资本”的技术输出模式，支撑量产示范工厂建设。

动力电池行业共性工作组织平台依托创新联盟开展产业研究、标准制定、人才培养和国际合作。

二、已取得的部分成果

（一）协同攻关

创新中心在建设运行过程中，组织实施锂电升级工程，取得了一批研究成果。

（1）突破了高镍三元正极材料和纳米硅碳负极材料、单体电池结构与安全设计和制造等关键技术，自主研发的比能量 260（W·h）/kg 单体电池和比能量 155（W·h）/kg 动力电池系统已经通过了国家强制性标准检测；比能量 280～300（W·h）/kg 单体电池、对应的 170～190（W·h）/kg 电池系统正在开展 A 样设计开发验证。

（2）基于富锂正极材料-硅基负极材料体系设计开发的比能量 350（W·h）/kg 单体电池取得较好进展，已完成单体比能量 330（W·h）/kg 单体电池初步设计。

（3）在前沿技术研究方面，在加拿大西安大略省投资设立全资固态电池研发分支机构、并与加拿大西安大略大学共建固态电池联合实验室，致力于发展空气中稳定的硫化物固态电解质、金属锂电极、氧化物固态电解质膜和固态锂离子电池、锂硫电池、锂空气电池等新体系电池，已经形成了一部分具有自主知识产权的关键技术。此外，通过建立市场化的经营体系，创新中心与国内外高等学校、科研机构和骨干企业建立了协同研发的机制，凝聚研发团队 20 余家。

（二）测试验证

创新中心在测试验证能力方面，建成了电池材料分析实验室、动力电池实验室和电池系统实验室、可靠性实验室安全及风险实验室和计算仿真实验室，为行业提供研发和测试等服务，2018 年服务企业数量近 20 家。

（1）材料分析实验室建成了理化分析、结构分析和电化学分析 3 个专业方向的检测实验室，拥有电池内部结构电子断层扫描（CT）检测、电极表面固体电解质界面（SEI）X 射线光电子能谱分析（XPS）和电池生成气体在线检测气相-液相-质谱联用仪（GS-LS-MS）等大型进口设备。

（2）动力电池实验室具备性能检测、耐久性试验和电池过程分析 3 个专业方向的检测、试验和分析能力，拥有高精度充放电设备、绝热/等温量热仪和交流阻抗等大型进口设备。

（3）电池系统实验室具备系统电性能检测、密封性试验和电池管理系统（BMS）功能验证 3 个专业方向的试验和分析能力，拥有大型进口充放电设备、自主开发的氦质谱检漏系统和进口 BMS-HILL 测试系统等大型设备。

（4）可靠性实验室建成了环境适应性、机械振动 2 个专业方向的试验和分析能力。

（5）安全及风险实验室具备动力电安全边界条件、法规性安全试验、风险评估试验 3 个专业方向的试验和分析能力。

（6）计算仿真实验室具备数据分析、模型建立、软件开发等 3 个专业方向的能力。

（三）科技成果孵化与转化

创新中心建成了年产 1000 吨正极材料、年产 50 吨硅碳负极材料、年产 300 万只单体电池、年产 72 万组电池模组和年产 3 万套电池系统中试孵化线，具备开展产品设计和验证、产品制造设计和验证的能力，开展工艺优化、质量控制和一致性提升等工程化技术的研究。创新中心还建立了市场化的科技成果转化机制，转让了“高镍三元材料”和“180~260（W·h）/kg 锂离子动力电池”两项成套技术，支持股东单位北京华鼎新动力股权投资基金在四川省成都市建成年产 4000 吨高镍三元正极材料生产线和年产 30 亿瓦时的动力电池单体生产线。此外，创新中心推进科技成果在整车股东单位的应用转化，支持股东单位开展以高镍三元材料为正极、纳米硅碳复合材料为负极的新型锂离子动力电池和动力电池系统的应用验证。

（四）行业服务

创新中心建成的测试验证能力通过了中国合格评定国家认可委员会（CNAS）和中国计量认证（CMA）2 项资质认证，为行业提供研发和测试服务，并积极推进为行业提供设计验证和产品认证等方面的服务。创新中心依托创新联盟，广泛开展产业研究、信息服务和国际合作，发布产业技术路线图和年度发展报告，发布动力电池企业白名单和行业统计数据，推动产业协同发展。

第十一章

国家增材制造创新中心

第一节　建设情况

一、组建情况

国家增材制造创新中心（以下简称创新中心）作为我国首批建设的第二个国家制造业创新中心，依托西安增材制造国家研究院有限公司（以下简称西安增材公司）组建，以全国增材制造（3D 打印）产业技术创新联盟（以下简称创新联盟）为扩展平台，构建“公司+联盟”的发展模式。西安增材公司依靠本地创新力量优势，联合国内增材制造领域优势生产、制造、服务的企业、高校和科研院所，发起成立创新中心，目的是汇聚国内优势资源，解决我国增材制造研究力量分散，原创技术不足，企业力量薄弱等问题。

（一）西安增材公司

西安增材公司除企业自筹资金外，吸纳了政府、企业、社会资本加强创新中心建设，广泛吸收产业基金、重要用户企业入股，提高增材制造行业的代表性。一方面，创新中心与用户企业建立协同创新机制，提高可持续发展能力；另一方面，按照“围绕产业链构建创新链”的原则，吸收高等学校、科研机构和材料企业、零部件企业、装备企业、重要用户企业作为成员单位，构建从基础研究、技术研发集成、产品首次商业化等全技术链的协同创新中心，提高创新中心技术创新能力和行业服务能力。

西安增材公司设有股东会、董事会、监事会。董事会下设总经理，总经理负责公司日常管理与运营。西安增材公司设财务部、技术服务部、国际合作部、人事行政部、市场推广部、技术研发部和培训部，各部门分别按照职能对公司负责，同时设立 7 个专业研究所作为技术研发能力中心，为公司输出集设计、材料、工艺、软件、检测和装备多方位一体的技术供给，支持项目组各项课题的研发，实现有组织的研发、项目经理负责制和矩阵式管理。西安增材公司组织结构见图 11-1。

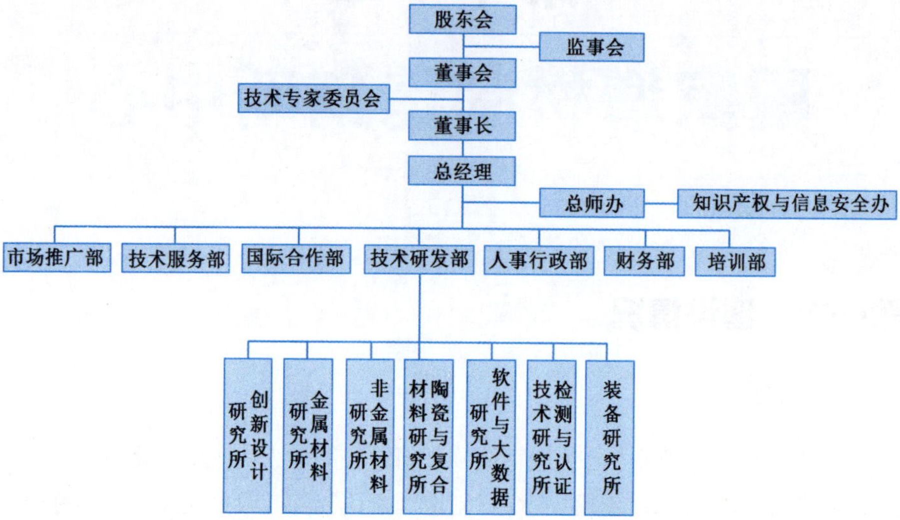

图 11-1 西安增材公司组织结构

（二）创新联盟

创新联盟于 2014 年 3 月 26 日成立，主要成员单位覆盖材料、装备、软件、技术服务方面等的高校、科研院所、生产与用户企业。创新联盟作为创新中心的扩展平台，整合行业的优势资源与发展需求，以行业共性和关键技术问题的研究为主要任务开展工作，推动行业产业发展。创新联盟挂靠西安增材公司，在政府部门的指导下独立运行，联盟设立联盟会员大会、理事会、秘书处。联盟会员大会由创新联盟全部成员单位组成，负责制定联盟章程。理事会由骨干会员单位主要负责人组成，负责重大事项的协调与决策。理事会下设秘书处，负责日常管理和运行。

二、创新资源

西安增材公司股东汇聚了增材制造领域优势企业、高校、科研院所，吸引了西北有色金属研究院（以下简称西北有色院）、机械科学研究总院江苏分院有限公司（以下简称机械科学研究总院）、陕西煤业化新型能源有限公司、共享智能装备有限公司、陕西瑞特快速制造工程研究有限公司、北京煜鼎增材制造研究院有限公司、北京恒创增材制造研究院有限公司、大连三垒机器股份有限公司、武汉华科三维科技有限公司、安泰科技股份有限公司、西安新材料产业发展有限公司、渭南高新区火炬科技发展有限责任公司，以及金融机构陕西金融控股集团有限公司13家国内重点企事业单位。西安增材公司股东结构情况见表11-1。

表11-1　西安增材公司股东结构情况

股东名称	投资额（万元）	比例（%）
陕西瑞特快速制造工程研究有限公司	1000	7.41
北京煜鼎增材制造研究院有限公司	1000	7.41
机械科学研究总院江苏分院有限公司	1000	7.41
武汉华科三维科技有限公司	1000	7.41
共享智能装备有限公司	1000	7.41
西北有色金属研究院	1000	7.41
大连三垒机器股份有限公司	1000	7.41
北京恒创增材制造研究院有限公司	1000	7.41
安泰科技股份有限公司	500	3.7
陕西金融控股集团有限公司	2000	14.79
西安新材料产业发展有限公司	1000	7.41
渭南高新区火炬科技发展有限责任公司	1000	7.41
陕西煤业化工新型能源有限公司	1000	7.41
合计	13500	100

创新联盟成员已发展224家，其中包括企业144家（64%）、高校和科研院所58家（26%）、金融投资机构2家（1%）、产业园区及其他（5.9%）、海外企业7家（3.1%）等，均为增材制造领域优势机构，覆盖生物医疗、航空航天、汽车工程、文创教育等行业。不同行业交叉创新，协同合作，达到共赢。

创新中心覆盖50%以上增材制造领域主要国家级创新平台，集聚了增材制造领域主要的国家级科研基地，主要包括5家大学［西安交通大学（以下简称西交大）、西北工业大学（以下简称西工大）、清华大学、北京航空航天大学（以下简称北航）、华中科技大学（以下简称华中科大）］的5个国家重点实验室、1个国家工程研究中心、1个协同创新中心和1个国家工程实验室，具体为机械制造系统工程国家重点实验室（西交大）、凝固技术国家重点实验室（西工大）、材料成形与模具技术国家重点实验室（华中科大）、金属多孔材料国家重点实验室(西北有色院)、近净成形国家重点实验室(机械科学研究总院)、快速制造国家工程研究中心（西交大）、2011 高端制造装备协同创新中心（西交大），以及大型金属构件增材制造国家工程实验室（北航）。

创新中心成立了开放式的技术专家委员会，汇聚 50 余位海内外学术界、企业界、金融投资领域的专家。技术委员会负责研判行业发展重大问题并筛选确定研究项目，并对创新中心的发展和在研项目进行战略研讨。创新中心不断聚集行业优秀人才，形成了以 2 名中国工程院院士为技术带头人，以 6 名“千人计划”特聘教授、2 名陕西省“百人计划”特聘专家，还有一大批行业高级工程师和具有博士学历的工程师为技术骨干，以硕士、专业技术人员为实施主体的核心研发队伍，并获得了陕西省“三秦学者”创新团队荣誉称号。创新中心现有员工 230 余人，其中科技人员占比 80%，硕士以上学历占比 80%以上。

第二节 运行情况

一、创新能力建设进展

创新中心建设了研发中试平台、公共测试平台、共性技术服务平台，已具备面向行业提供工艺技术解决方案、中试验证、检验测试等一站式服务能力。

（1）研发中试平台已建立包括材料制备、创新设计、前处理、增材制造、后处理等通用研发中试线，以及面向大型构件、增减材、微型涡喷等特定产品的专用研发中试线。

（2）公共测试平台面向行业用户开展针对材料、增材制件性能的检测服务，建立了金相分析、物理性能、化学性能、力学性能、无损检测等多个实验室。在工业和信息化部的推荐下，正在申报三维打印产品国家质检中心，同时进行 CANS、CMA 实验室资质认证。

（3）共性技术服务平台已完成网联筑梦 3D 打印云平台系统、3D 打印设备集群控制、移动监测系统的开发，实现远程连接、在线监测多厂家、多型号打印设备的平台系统。公共技术服务平台已入网 20 家服务企业、150 家用户。网络化共享平台目前集成 8 家企业单位的 440 余台（套）仪器设备。

二、已取得的部分成果

创新中心面向国家重大需求不断增强技术供给能力，成功研发了多种功能性 3D 喷墨材料体系、耐高温透波陶瓷材料体系、高分子新材料体系、高熵合金体系等新材料；攻克了微喷 3D 打印头、长寿命电子束枪、同轴送粉激光熔覆头、大尺寸复材打印螺杆挤出头等核心元器件；研制了 5m 熔丝增减材一体化制造装备、激光送粉式增减材复合制造设备、高性能复合材料增材装备、电子束熔丝增材制造设备、射频等离子高质量球化制粉装备、微滴喷射打印装备、激光超声检测装备、面向回转体零件加工的连续铺粉选择性激光熔化（SLM）打印装备、教育与创客版连续面曝光机等系列装备；突破了高强铝合金、镁合金、铜合金电弧熔丝增材制造工艺，石墨烯纳米复合金属材料的制备方法及其SLM不锈钢、铝合金、高温合金等增材制造成形工艺，复杂机匣、蜂窝叶片增减材复合制造等关键工艺，1m 火箭贮箱和导弹进气道舱整体成形工艺等关键工艺。

在产业推广方面，创新中心采用增材制造开发了 6 款微小型航空发动机，形成了中试生产线；开发面向精准医疗的导航模板、牙科正畸等软硬件技术，在数10家医疗机构推广应用，并获得国内首个个体化定制骨科内植物器械注册证；积极开展行业标准研究，推动产业发展，共制定标准 18 项（其中国际标准 1 项，国家标准 4 项，团体标准 11 项，地方标准 2 项），已颁布 1 项。

目前，创新中心已孵化企业 5 家，其中西安西户众创投资管理有限公司为孵化企业提供服务，西安恒天元先进制造技术有限公司从事国防领域技术研发，江西小满科技有限公司从事医疗领域，西安轴星时代三维打印特色小镇发展有限公司从事航空航天构件、装备及新能源汽车复合材料车身等高端产品；恒新增材制造研究中心（佛山）有限公司从事工程和技术研究和试验发展；构建了知识产权管理体系，共申请/登记专利和软件著作权达 239 项（已授权/登记成功 78 件），其中申请受理发明专利 126 项；已成功注册商标 8 类，已受理商标注册 19 类。

第十二章

国家印刷及柔性显示创新中心

第一节　建设情况

一、组建情况

国家印刷及柔性显示创新中心（以下简称创新中心）采取“公司+联盟”形式组建，广东聚华印刷显示技术有限公司（以下简称广东聚华公司）是创新中心的依托公司；广东省印刷显示产业技术创新联盟（以下简称创新联盟）依托广东聚华公司组建，是创新中心的支撑联盟。创新中心以资本为纽带，以非盈利为宗旨，以企业法人为实体，按照市场原则运营，有效整合各股东和联盟单位的“人财物”等科技资源，解决科技资源碎片化问题，集中科技资源，突破印刷显示材料、器件与设备等重大关键共性技术，实现印刷显示产业化中试示范，开发具有自主知识产权和市场竞争力的高分辨率柔性显示器件，为上下游企业提供关键共性技术支持，成为中国印刷及柔性显示行业核心技术的供给源头。

（一）广东聚华公司

广东聚华公司作为创新中心的依托公司，于 2014 年年底正式注册成立。广东聚华公司鼓励行业内优势单位，以资金或知识产权等方式入股，不断汇聚创新力量，共同组建具有影响力的国家印刷及柔性显示创新中心。广东聚华公司设立了印刷及柔性显示战略委员会，由国内印刷及柔性显示领域的院士和知名专家组成，在新型显示技术发展的战略层面，协助公司董事会进行决策。广东聚华公司组织架构见图 12-1。

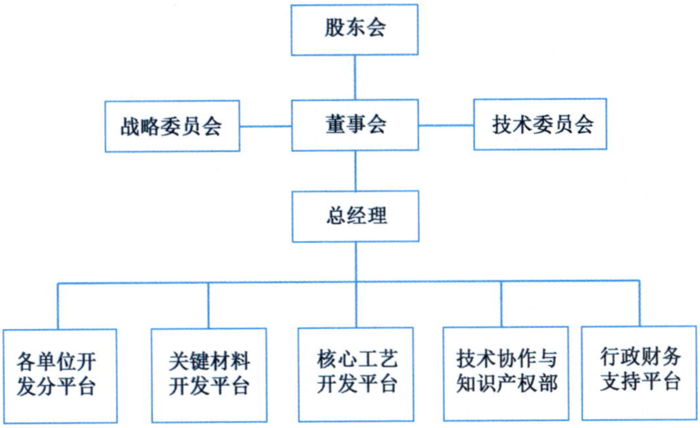

图 12-1　广东聚华公司组织架构

广东聚华公司以产业化为导向，集中印刷及柔性显示方面的优势资源进行攻关，打通高校基础研发与企业应用衔接障碍，按产业技术地图，推动印刷及柔性显示从材料、器件到整机乃至装备的发展，推动显示产业升级，使我国显示产业处于国际领先地位。

（二）创新联盟

创新中心围绕广东聚华公司，成立了广东省印刷显示产业技术创新联盟，这是全国第一个印刷显示技术创新联盟。创新联盟按照“平等合作、互惠互利”的宗旨，共同促进印刷及柔性显示技术创新与发展，推进印刷及柔性显示技术的产业化进程。创新联盟成员单位依据联盟章程，加入创新联盟，在创新中心统一规划和部署下，在各自的优势项目中展开研究，技术成果共同投入创新中心的专利池中，专利池由创新中心统一运营。

二、创新资源

目前创新中心股东单位共有 7 个：深圳市华星光电技术有限公司、天马微电子股份有限公司（以下简称天马微电子）、南京华东电子信息科技股份有限公司、华南理工大学、福州大学、华中科技大学、中国科学院福建物质结构研究所。创新联盟的成员单位涵盖了国内印刷及柔性显示领域各大优势企业、高等院校、科研院所等 30 多家单位。

广东聚华公司借助创新中心及自身优异的研发平台和研究环境，吸引了一批国际一流人才，形成包括国内外院士领头的创新团队、国家“千人计划”人才、海归博士、各地市技术领军人才在内的核心人员。在外围，还将不断吸引和聚集其股东单位研发人员，包含 OLED 材料领域、墨水领域、喷墨印刷领域、器件领域、背板领域的专家、教授等。通过人才共享机制的融合，形成产业技术创新的源泉。同时，创新中心与华南师范大学共建博士后实践基地，联合进行博士后培养。目前，已经有多名博士后进入联合实践基地，进行学术深造，夯实理论研究基础。创新中心与华南理工大学、华中科技大学等多家高校签署人才培养协议，共同进行印刷及柔性显示领域专业人才培养，形成人才培养、人才实践、人才共享的有效机制。

第二节　运行情况

一、创新能力建设进展

（一）G4.5 印刷显示中试平台建设

创新中心已完成 200mm 喷墨打印/干燥成膜/蒸镀/封装平台建设，G4.5 喷墨打印/干燥成膜/蒸镀/封装平台建设，器件性能检测评估平台。G4.5 印刷显示中试平台已具备稳定的样机开发能力，目前正在规划进行柔性显示开发平台能力的拓展。G4.5 印刷显示中试平台完成了 5 英寸级别喷墨 AM-OLED 显示样机开发，像素密度达到 400ppi，亮度达到 $250cd/m^2$ 以上，为业内报道的最高分辨率；实现了 31 英寸级印刷 OLED 显示产品开发，分辨率达到 3840*2160，亮度达到 $250cd/m^2$ 以上；完成了全球首创的 31 英寸印刷混合量子点 H-QLED 的样机制作。

（二）QLED 材料平台建设

QLED 材料平台已建成全套量子点电致发光显示技术的材料开发、器件制备、喷墨打印评价实验平台。QLED 材料平台基于自主开发的高性能量子点材料，已在全球范围率先实现红绿蓝三基色量子点器件效率全面超过 20%，尤其在高性能蓝色量子点发光材料开发方面居于世界顶尖水平，不仅发光波长可满足 BT.2020 显示色域要求，而且相应器件效率最高达到 23%，为全球目前报道的最高值。

（三）OLED 材料平台建设

OLED 材料平台已经配置齐全各种原材料和测试仪器，包括材料开发实验室、中试车间、千级净化实验室、具备大批量化学合成的反应釜，可实现低温、常温、加热多种合成提纯条件应用。OLED 材料平台拥有高效液相检测器、质谱检测器、荧光检测器、紫外吸收检测器等性能测试设备和质量分析设备，同时拥有完整的器件表征系统、完善的技术、完整的研发工艺流程，加之先进的实验室和检测装备。从而可以保障公斤级印刷 OLED 材料的开发与制备能力。

二、已取得的部分成果

（一）技术研发成果

2019 年 3 月以来，创新中心先后完成了 31 英寸全高清印刷 OLED 显示屏样机、超高分辨率（400 ppi）印刷 AM-OLED 显示原理样机、31 寸 UHD 印刷 AM-OLED 显示原理样机、31 寸 UHD 顶发射印刷 H-QLED 显示原理样机等显示屏的开发，其中 H-QLED 显示屏研发技术体现了智能绿色制造、高分辨、宽色域、广视角等未来新型显示的必要元素，代表了显示行业未来的重要发展方向。

1. 成功点亮 31 英寸全高清印刷 OLED 显示屏

基于 G4.5 印刷显示中试平台，打通印刷/干燥/成膜、蒸镀和封装各技术环节，成功制作并点亮了 31 英寸全高清印刷 OLED 显示屏，通过 Mura free 技术、高效率 OLED 器件技术等技术攻关，获得性能优异的 31 寸印刷 AM-OLED 显示样机，其具体参数如下：白场亮度大于 250nit，白场均匀性大于 83%，白场色偏小于 0.017，对比度大于 367000∶1。

2. 成功实现超高分辨率（400ppi）印刷 AM-OLED 样机开发

该样机由广东聚华公司联合天马微电子共同研发推出，尺寸为 5 英寸，采用 LTPS-TFT 背板，顶发射器件结构，开口率接近 60%，亮度大于 250nit，分辨率达到 400ppi（像素密度 1728 × 972），是迄今已报道采用印刷技术完成的最高分辨率显示器之一。高分辨率印刷 AM-OLED 样机的展示，将喷墨打印技术的适用范围从电视、平板等中大尺寸显示，进一步扩展到了手机等小尺寸应用，无疑为喷墨打印技术的进一步商业化应用起到了推动作用。

3. 成功实现 31 寸 UHD 印刷 AM-OLED 显示原理样机开发

创新中心利用 G4.5 公共研发平台，成功制作并点亮了 31 英寸超高清（UHD/4K）印刷 OLED 显示屏。该样机参数如下：样机尺寸 31 寸，像素密度

3840×2160，采用顶发射器件结构，器件开口率达到 50%，采用顶栅氧化物 TFT 驱动，色域达到 85% NTSC，峰值亮度超过 350nit，亮度可视角大于 160°，显示效果良好。

4. 成功实现 31 寸 UHD 顶发射印刷 H-QLED 样机开发

创新中心利用高色域量子点材料，成功开发全球首台，唯一 31 寸量子点样机。31 寸量子点样机采用电致发光红、绿量子材料与蓝光 OLED 材料，制备印刷显示样机。该样机采用顶发射器件结构，大大提高了样机的开口率，其开口率达到 50%以上，显著提高样机的亮度，像素密度达到 3840×2160。该技术体现了智能绿色制造、高分辨、宽色域、广视角等未来新型显示的必要元素，代表了显示行业未来的重要发展方向。

5. 成功制备 5 寸红/绿/蓝全印刷 QLED 样机

创新中心利用红色、绿色、蓝色自发光量子点材料和氧化锌纳米颗粒，开发自发光量子点器件结构，并结合精准的喷墨印刷工艺，基于200mm半自动化印刷显示平台，制备5寸红/绿/蓝全印刷 QLED 样机。由于红色、绿色、蓝色发光层均采用 QLED 材料，因此该样机显示亮度高，白场亮度可达到 200nit，颜色指标十分优异，色彩饱和度高，色域范围极广，红光色坐标为（0.68，0.32），绿光色坐标为（0.21，0.74），蓝光色坐标为（0.14，0.05）。

（二）专利申请与专利布局

创新中心已完成专利申请 300 项以上，进行了全面有效的专利布局，专利覆盖范围包括印刷显示材料、印刷显示工艺、印刷显示器件结构和器件集成等。

（三）参与技术标准制定

创新中心充分认识到技术标准对行业发展的作用，因此积极参与印刷及柔性显示领域技术标准的制定工作，充分发挥了自身技术优势，提高国家标准和行业标准的技术水平，进而引导行业发展方向，扩大创新中心行业影响力。目前，广东聚华公司已参与全国平板显示器件标准化技术委员会组织的 4 个国家标准的起草工作，分别是《柔性显示器件 第 5-1 部分：光学性能测试方法》《柔性显示器件 第 5-3 部分：目视评价方法》《曲面有机发光二极管（OLED）光源光学性能测试方法》《透明显示器件 第 4-1 部分：测试方法—光学性能》。创新中心将承担越来越多的国家标准、行业标准的制定和修订任务，多方面落实创新中心提供公共服务的功能，从而提升创新中心在国内、甚至国际印刷及柔性显示领域的影响力。

（四）产业孵化

创新中心已经初步按照印刷 OLED/QLED 材料需求，孵化印刷 OLED 平台与印刷 QLED 材料平台，以提升我国印刷 OLED/QLED 材料与墨水的量产能力，以及印刷 OLED/QLED 材料与墨水的制备与中试能力。

在以上两个材料孵化平台基础上，创新中心还与国内外优势资源形成战略合作，除了吸引产业链企业聚集，还能将平台成果直接转化到印刷显示产业链，形成行业孵化器，促进技术创新，引领产业发展，形成高速转化的滚动创新节奏。

创新中心已经为印刷及柔性显示产业相关企业提供中试、关键技术攻关、测试、评估等服务，孵化一批初创企业，并以此折算成相应股份的股权收益或利润分享，目前已与多家公司签订孵化协议。

第十三章

国家信息光电子创新中心

第一节　建设情况

一、组建情况

我国在信息光电子产业领域已形成了较大的全球影响力，拥有世界上最大的光通信应用市场和世界上规模最大的光通信产业，但“大”而不“强”的问题突出，整个产业链发展不均衡，特别是位于产业链源头的核心光电子芯片及高端器件严重缺失，对外技术依存度高，已成为制约我国新一代信息技术产业发展的关键技术瓶颈。为了应对这一问题，由国内规模较大且具有竞争力的信息光电子器件企业——武汉光迅科技股份有限公司发起，联合烽火通信科技股份有限公司、江苏亨通光电股份有限公司、陕西光电子集成电路先导技术研究院有限责任公司等共11家股东共同出资，设立武汉光谷信息光电子创新中心有限公司（以下简称光电子创新中心公司）作为运营主体，组建了信息光电子创新中心。信息光电子创新中心采用“公司+联盟”模式建立，即“光电子创新中心公司+光电子发展联盟”。信息光电子创新中心成员覆盖了产学研用融全产业链，采取企业法人的形式，按照责权明确、科学管理的模式运行，主要从事信息科技领域光电子器件及其他电子器件技术研发、技术咨询、技术服务、技术转让等业务，助力我国信息光电子产业创新发展。

2017年10月18日，信息光电子创新中心在北京通过了工业和信息化部组织的专家论证，并于2017年10月31日正式批复为“国家信息光电子创新中心”。2018年4月26日，国家信息光电子创新中心（以下简称创新中心）在武汉举行授牌仪式。这是全国正式授牌的第二批制造业创新中心之一，同时也是湖北省获得的第一个国家制造业创新中心。

国家信息光电子创新中心以制造强国战略为指导，发挥行业骨干企业主导作用，有效整合国内外各类创新资源，建立联合开发、优势互补、成果共享、风险共担的产学研用融协同创新机制，致力于汇聚行业优势创新资源共建信息光电子产业创新平台，聚焦实现面向新一代网络、数据中心光互联、5G 等信息光电子应用领域，在高端材料生长、核心芯片工艺、先进封装集成等方面突破关键技术和共性技术瓶颈。力争通过 3 ~ 5 年建设，建成国际一流的信息光电子制造业创新平台，推动核心光电子芯片和器件行业供给率显著提升；力争到 2025 年，实现核心光电子芯片和器件实现自主可控。

（一）光电子创新中心公司

光电子创新中心公司作为创新中心运营的主体，是由信息光电子领域骨干企业及产业链上下游单位以资本为纽带组成的独立企业法人，主要从事信息科技领域光电子器件及其他电子器件技术研发、技术咨询、技术服务、技术转让等业务。光电子创新中心公司采取现代化的企业法人形式，按照责权明确、科学管理的模式运行，自主决策，实现自负盈亏、自我发展。目前，光电子创新中心公司设置有股东会、董事会、监事会、专家委员会、决策委员会等，下设综合运营部、战略管理部、技术研发部和财务管理部等部门。

（二）创新联盟

光电子发展联盟（以下简称联盟）作为创新中心建设的基础，是由国内从事信息光电子器件生产、研发和应用的相关的知名企业、科研院所、高等院校等单位自愿发起成立的非盈利性社会团体法人。联盟与光电子创新中心公司紧密结合，共同组建创新中心。联盟主要参与制定信息光电子集成技术和市场发展的路线图，为光电子创新中心公司的发展战略和重大任务提供支撑；优化资源配置，实现产学研用互联互通；推动光电子创新中心公司标准和规范的制定。联盟作为中心决策委员会的成员，参与创新中心项目的投资决策，为创新中心的投资决策提出具有建设性的建议和意见。光电子创新中心公司作为联盟的第一副秘书长单位，主要负责对接联盟中的产业资源，梳理产业需求，参与行业标准和规范的制定，更加高效地开展行业所需的关键共性技术研发和首次商业化应用，促进科技成果转化。

二、创新资源

光电子创新中心公司是由信息光电子领域骨干企业和产业链上下游单位以资本为纽带组成的独立企业法人。光电子创新中心公司共11家股东单位，包括5家上市公司，覆盖信息光电子的“产学研用融”全产业链。光电子创新中心公司股东结构情况见表13-1，核心股东单位均是在行业细分领域具有较强商业竞争力的上市企业，2018年总销售收入超千亿元，拥有广泛的市场资源、资本优势和产业化能力。创新中心通过与光电子创新中心公司股东打通技术研发、转移扩散和产业化链条，以市场化机制为核心的成果转移扩散机制，将创新成果快速引入生产系统和市场，加快创新成果大规模商用进程。

表13-1 光电子创新中心公司股东结构情况

序号	类别	单位名称	金额（万元）	股比（%）
1	产	武汉光迅科技股份有限公司	6000	37.500
2		苏州天孚光通信股份有限公司	1000	6.250
3		武汉高芯科技有限公司	1000	6.250
4	学	武汉光电工业技术研究院有限公司	1000	6.250
5	研	陕西光电子集成电路先导技术研究院有限责任公司	500	3.125
6		西安中科光机投资控股有限公司	500	3.125
7		廊坊中科微纳半导体技术开发有限公司	100	0.625
8	用	烽火通信科技股份有限公司	3000	18.750
9		江苏亨通光电股份有限公司	2000	12.500
10	融	湖北航天高投光电子投资基金合伙企业（有限合伙）	700	4.375
11		武汉祥道光电科技合伙企业（有限合伙）	200	1.250

创新中心依托的光电子发展联盟为创新中心和中国科学院半导体研究所共同发起成立的，汇聚了华为技术有限公司、清华大学等25家产学研单位，拥有信息光电子领域20家国家重点实验室、国家工程实验室、国家工程技术中心等创新平台，覆盖行业内60%的国家级创新载体（总量为34家，联盟包含20家）。

创新中心已与国内外多家重点高校、国家级研发基地、国际领先的研究单位、国内知名的金融投资机构、杰出专家达成合作共建意向。整合合作共建单位在材料生长、芯片设计开发、器件集成封装、应用产业化等方面的能力，通过重大核心技术攻关，突破行业技术发展瓶颈，建设支持信息光电子产业关键应用领域的核心技术平台，从而实现在基础研发及产业化之间的有效衔接和转化。合作共建单位名单和共建单位的 6 大核心技术能力分别见表 13-2 和表 13-3。

表 13-2　合作共建单位名单

合作共建单位	名　单
国内重点高校及实验室	华中科技大学（武汉光电国家实验室，激光技术国家重点实验室等）；北京邮电大学（电子工程学院信息光电子与光信息研究中心等）；武汉理工大学（光纤传感技术国家工程实验室等）；北京大学（现代物理研究中心等）；上海交通大学（先进电子材料与器件校级平台等）；中国科技大学（光电子科学与技术省重点实验室等）；山东大学（海洋研究学院海洋传感器中心等）；北京航空航天大学（电子信息工程学院等）；武汉大学；清华大学等
国内外领先研究机构	国内：中国科学院半导体研究所，上海微系统研究所，中国电子科技第十三研究所（以下简称中电十三所）等； 国外：法国 III-V 实验室，德国费劳恩霍夫通讯技术研究所（HHI），美国制造集成电子研究所（AIM Photonics），新加坡微电子研究所（IME），比利时欧洲微电子研究中心（IMEC），爱尔兰光子集成中心，美国 Thorlabs 公司、美国 IMT 公司，法国电子与信息技术实验室（LETI）和 Thales 公司，俄罗斯 RTI、FORC、INJECT 公司，中国台湾的全新光电股份有限公司和春虹光电股份有限公司等
杰出专家	两院院士、“长江学者”、国家“千人计划”“杰出青年”等高端人才等
产业联盟	光电子发展联盟、中国光纤接入产业联盟
金融机构	湖北省科技投资集团、武汉烽火与时投资有限公司等

表 13-3　共建单位的 6 大核心技术能力

技术方向		共 建 单 位	核 心 能 力					
			芯片设计	材料生长	芯片工艺	封装	测试	产业能力
1	InP	光迅科技	—	—	√	√	√	√
		中国科学院半导体研究所	√	√	√	√	√	—
		法国 ALMAE 公司	√	√	√	—	√	—
		武汉光电国家研究中心	√	—	√	—	√	—

续表

技术方向		共建单位	核心能力					
			芯片设计	材料生长	芯片工艺	封装	测试	产业能力
2	GaAs	光迅科技	—	—	√	√	√	√
		中电十三所	√	√	√	√	√	—
		中国科学院半导体研究所	√	—	—	√	√	—
		武汉光电国家研究中心	√	√	√	—	√	—
3	SiP	上海交通大学	√	√	√	√	√	—
		武汉邮电科学研究院（国家重点实验室）	√	—	—	—	—	—
		光迅科技	—	—	√	√	√	—
4	SiO_2/Si	光迅丹麦有限公司	√	√	√	—	—	—
		光迅科技	—	—	—	√	√	√
		武汉光电国家研究中心	√	—	√	—	√	—
5	红外敏感材料	北京高芯科技有限公司	√	√	√	√	√	—
		中国科学院半导体研究所	√	—	—	—	—	—
		武汉光电国家研究中心	√	—	√	—	√	—
6	光纤光栅	武汉理工大学	√	—	—	√	√	√
		武汉光电国家研究中心	√	—	√	—	√	—

创新中心肩负为国内光电子行业引进高端人才的重任，于 2018 年在全球范围内重点聚焦半导体工艺技术人员和集成光电子研发和测试人员，全年引进和招聘各类人才27名，并与多个全球技术领先的研发团队正在接洽中。目前，创新中心拥有研发人员67人，研发人员的比例已超过总人数的60%，包含国内技术领先的硅光技术开发团队（32 人）、高速有源光电子芯片研发团队（30 人），在国内外信息光电子领域具有较强竞争力。

第二节　运行情况

一、创新能力建设进展

针对国内信息光电子产业呈现科研和应用实力强，工艺开发和验证能力弱的特点，创新中心将工作思路定位为建设成国内一流的光电子芯片工艺开发和中试验证平台、疏通产业链条和技术供给管道。在工业和信息化部和省、市、区各级政府及股东单位的支持下，重点建设和完善了 III-V 族芯片工艺平台、硅基光电子芯片开发平台、芯片封装测试验证平台、应用技术开发平台共 4 大技术平台。依托 4 大技术平台，创新中心的创新技术能力得到极大提升：具备了从 III-V 族芯片材料生长到芯片封装、测试筛选全部工艺的研发能力；拥有了国内首个商用级别的硅光芯片晶圆和芯片自动化测试筛选系统，将建设成为功能完善的芯片封装测试验证平台。各平台具体建设情况如下。

（一）III–V 族芯片工艺平台

III-V 族芯片工艺平台主要从事基于磷化铟（InP）和砷化镓（GaAs）等 III-V 族化合物的材料生长工艺、后端工艺研发和相关的测试验证。III-V 族芯片工艺平台总面积达到 3500m^2，包括面积为 1500m^2 的千级净化工艺间和约 500m^2 百级净化间；已具备金属氧化物化学气相沉积设备（MOCVD）、分子束外延设备（MBE）等高端材料外延工艺设备，还拥有双面接触式光刻机、薄膜沉积刻蚀系统（PECVD&RIE）、光波原件分析仪、金丝键合系统、芯片测试筛选系统、在线可靠性测试系统等 100 多套加工工艺设备和测试系统。III-V 族芯片工艺平台能够支持完成从外延生长、材料对接生长、光栅掩埋、光刻、薄膜生长与刻蚀、划片解理、光学镀膜、金属电极镀膜、芯片测试筛选等完整的芯片工艺；掌握了国内先进的 6 英寸晶圆的亚微米光刻工艺，可实现 0.1 微米的套刻精度；自主创新开发的激光器芯片镀膜技术，精度控制在几纳米以内；已经具备 25Gb/s 以上激光器、探测器等 III-V 光芯片的完整研发和小批量产能。

（二）硅基光电子芯片开发平台

硅基光电子芯片开发平台主要从事硅基材料的光电子芯片设计与仿真、晶圆级测试筛选、芯片性能和可靠性测试分析等研究。硅基光电子芯片平台总面积达到 1000m^2，包括万级净化间 500m^2，千级净化间 200m^2。硅基光电子芯片平台拥有较成熟的硅光芯片设计、加工和测试研发条件，各项能力均已得到产品级验证；拥有数台性能顶尖的芯片设计和仿真工作站，并配备了商用光芯片和电芯片仿真软件，具备芯片的光学、电学、热学、力学等多物理场仿真能力，设计精度达纳米级；具有与国内外主流互补金属氧化物半导体（CMOS）硅光生产线的丰富流片经验和工艺调试经验，相关产品已进入批产阶段。硅基光电子芯片平台与中国科学院微电子研究所合作建设了 8 英寸硅光工艺平台，并参与硅光芯片工艺流程整合和工艺设计工具包（PDK）开发工作，硅光多项目晶圆（MPW）流片已服务国内 20 余家单位；建立商用级 8 英寸硅光芯片晶圆测试筛选系统，并开发了具有自主知识产权的硅光测试测量方案；建立了全程可追溯的数据库，具备大数据分析关联测试结果和仿真结果的能力，信息化与智能化程度达到国内领先水平。

（三）芯片封装测试验证平台

芯片封装测试验证平台主要从事包括高速硅光芯片在内的高端集成光电子芯片的封装和测试验证工作。芯片封装测试验证平台总面积达到 1000m^2，包括900m^2万级净化车间和100m^2千级净化车间，拥有超声清洗机、金丝焊接机、高精度贴片机、自动化耦合系统、光波元件分析仪、矢量网络分析仪、光斑分析仪、温控仪、光纤端面测试仪、有源芯片老化测试系统等封测设备，具备金丝焊、倒桩焊、光纤耦合、透镜组装、板上芯片封装（COB）、芯片上芯片封装（COC）等多种封装工艺能力，能支撑芯片到组件的各类产品的样品研制和中试验证。在测试分析方面，芯片封装测试验证平台可开展芯片和器件的各种静态、模拟和数字性能的测定分析，可支持带宽达 70GHz、速率达 4×200Gb/s 的光芯片性能测试；此外，还建有光纤激光器验证测试系统，可对外提供测试服务。

（四）应用技术开发平台

应用技术开发平台由创新中心与光纤通信技术和网络国家重点实验室共建，主要依托现有国内领先的“超高速、超大容量、超长跨距”光传输验证平台。应用技术开发平台主要研究超高速、超大容量、超长距离骨干光传输系统，低成本高速城域网络，高速光接入系统关键技术，新型光通信和光传感技术；拥有进行光系统、光模块、核心光电芯片设计和测试等相对完备的科研环境和方法；形成了包含有系统架构、关键技术研究、终端硬件实现及系统评测等方面从理论研究到实验验证，再到技术转化的高效的研发团队；具备成熟的模块化和子系统板卡开发能力，可提供光纤激光器、光学传感、空间光等新兴应用的测试验证和测试服务。

二、已取得的部分成果

在创新成果方面，创新中心在 III-V 族光电芯片、硅基光电子芯片、量子芯片和芯片系统应用方面取得了一系列突出进展。

（一）100G全集成硅基相干光收发芯片正式投产使用，实现了国产硅光芯片的产业化突破

创新中心研制的100G全集成硅基相干光收发芯片在不到30mm²的面积内单片集成了60余个光电元件，集成度均优于国外同类产品，借助集成电路已大规模商用的CMOS工艺平台实现硅光芯片的生产制造，不但有效解决了我国高端光电子芯片制造能力薄弱、工艺能力不足的问题，而且表明我国已经具备了硅光产品商用化设计的条件和基础。目前，100G全集成硅基相干光收发芯片成功集成于国内领先的通信设备商烽火通信科技股份有限公司的光传输设备中，并应用于上海电信城域网络（全球最大OTN城域网之一），为上海打造千兆之城提供了保障。随着流量的持续爆发，芯片层面的“光进铜退”将成大势所趋。硅光集成芯片近期有望迎来大规模应用，将在5G、数据中心、物联网、超级计算中发挥重要作用。

（二）攻克了25G高速电吸收调制激光器（EML）芯片的外延生长技术难题，进入批量验证阶段

创新中心攻克的25G高速电吸收调制激光器（EML）芯片核心性能指标与美国和日本的产品指标相当，达到国际先进水平。25G高速电吸收调制激光器芯片（EML）将广泛应用于5G移动通信的前传，有效保障我国的5G产业信息安全。

（三）成功研制出量子通信应用的核心光电子芯片和器件，并通过国内用户的系统测试

创新中心研制出具有自主知识产权的高动态稳定性、高边模抑制比窄谱宽分布式反馈（DFB）激光器，以及国内首款硅光量子密钥分发（QKD）器件，性能指标达到国际先进水平，并实现在国内量子保密通信网络中的小批量应用。

（四）实现超长跨距无中继光纤传输技术的突破

创新中心利用自研的收发模块、大有效面积低损耗光纤、光放大系统成功实现了2.5Gb/s传输713.2km、10Gb/s传输665.7km、20Gb/s传输575km的单跨距无中继光纤传输系统实验。超长跨距无中继光纤传输技术成功应用于国内外超长跨距无中继传输、电力的特高压光传输建设工程。

（五）实现 1000×10Gbit/s 实时相干 PON 光接入系统实验

1000×10Gbit/s 实时相干 PON 光接入系统实验在标准单模光纤中实现了上下行传输 40 公里，功率预算大于 28dB，为满足宽带大容量光接入的重大需求提供有效的解决途径。

（六）研制的特种硅光器件应用于 1.06Pbit/s 光传输系统实验

创新中心研制的特种硅光器件传输容量是目前商用单模光纤传输系统最大容量的 10 倍，可以在 1 秒之内传输约 130 块 1TB 硬盘所存储的数据，或近 300 亿人同时通话。特种硅光器件传输为有效解决信息社会数据量的飞速增长提供了可行应对方案，给未来光通信发展指明了技术路径。

创新中心以关键技术研究、光电芯片基础理论研究、芯片系统性能评估、光器件新应用拓展、知识产权布局等工作为重点，截至 2019 年 6 月，共获得国内发明专利 79 项，其中新申报发明专利 25 项；发表学术论文 16 篇，其中 SCI 检索 9 篇，EI 检索 7 篇；参与起草行业标准 4 项。

第十四章

国家机器人创新中心

第一节　建设情况

一、组建情况

国家机器人创新中心（以下简称创新中心）于2017年获批。2017年5月，创新中心依托沈阳智能机器人国家研究院有限公司（以下简称沈阳机器人公司）成立。自批复成立以来，创新中心按照批复意见逐步完善组织结构，以促进机器人技术水平显著提升，以实现机器人关键零部件、高端产品和集成应用的重大突破为阶段性目标，以产业基础问题和共性关键技术研究为主要任务，逐步建设核心技术的研发能力、中试孵化能力、产品检测能力及成果转化能力。

（一）沈阳机器人公司

沈阳机器人公司建成了完善的决策机制，选举成立了公司股东会、董事会、监事会。董事会由股东单位推荐的10名代表组成。监事会成员由6名股东单位代表担任，依法行使监事会的职责。

为了保证创新中心发展方向以市场需求为牵引，体现国家意志，沈阳机器人公司成立了决策咨询委员会和科技委员会。决策咨询委员会委员由倡导单位成员单位的代表、政府机构人员等组成。决策咨询委员会对创新中心的发展方向、重要投资决策、重要运行机制等重大事项进行讨论协商，向股东会提出决策建议，成员组成共 7 人。科技委员会由来自国内外学术界、企业、股东推荐的专家组成，负责研究行业技术发展趋势和企业技术规划建议，成员组成共21人。

在完善创新中心决策机制的同时，创新中心组织力量建立内部组织架构及制度体系。目前，创新中心已经建立了机器人检测中心、下一代机器人研发团队、人机协作机器人研发团队、外骨骼手术机器人研发团队、脊柱手术机器人研发团队、机器人操作系统研发团队和机器人化工艺与装备研发团队共计 1 个中心、6 个团队。同时，创新中心组建财务部、综合办公室、人力资源部 3 个后勤支撑部门。这些研发团队及后勤部门的建立，保障了创新中心日常研发及常规工作的运行。

（二）创新联盟

机器人产业创新联盟建设方面，创新中心注重与行业内的龙头企业、大学、科研机构、产业联盟等创新单元合作，探讨行业共性技术的发展方向，推进标准化进程。为了进一步调动各创新单元积极性，创新中心建设了机器人工业互联网云平台，该平台基于“互联网+机器人”，将信息通信技术与机器人行业跨界融合，实现机器人从设计到使用全过程的资源整合、优化及高效协同，形成多方参与、合作共赢的机器人制造新业态。创新中心将以该平台为抓手，实现“中心+基地+联盟”的全行业资源覆盖，通过优势互补和资源共享，充分发挥创新资源合理配置的协同优势，提升持续创新能力。

为了调动整个机器人行业资源，在全国范围内提高创新中心影响力，创新中心按照机器人行业的不同领域，在有条件的地区建设研发基地，旨在利用核心单位的技术优势，发挥地方资源优势，带动地区机器人行业发展。依托机器人技术储备雄厚的哈尔滨工业大学，创新中心出资建设哈尔滨研发基地，主要从事机器人核心零部件共性技术研发、中试孵化及成果转化；在工业机器人发展较为迅速的沈阳市，依托中国科学院沈阳自动化研究所（以下简称中科院沈阳自动化所）和新松机器人自动化股份有限公司（以下简称沈阳新松机器人），创新中心出资建设沈阳研发基地，主要从事工业机器人的共性技术研发、中试孵化、成果转化及检验检测服务；在服务机器人产业基础较好的广东省，创新中心出资建设佛山研发基地，主要从事服务机器人的共性技术研发和成果转化；在北京市联合哈尔滨工业大学、中国科学院自动化研究所、北京理工大学及北京市政府设立北京研发中心，主要从事特种机器人方面共性技术研发；在合肥市联合埃夫特智能装备股份有限公司、南京埃斯顿自动化股份有限公司（以下简称南京埃斯顿）、哈尔滨工业大学及合肥市政府设立合肥研发中心，主要从事机器智能及机器人核心零部件相关共性技术研发工作。

二、创新资源

目前，沈阳机器人公司由 14 家股东单位组成，涵盖国内龙头企业、高校、科研机构和产业基金。公司拥有哈尔滨工业大学、中科院沈阳自动化所、沈阳新松机器人、南京埃斯顿等单位的支持，是机器人产业创新资源最集聚的地方。沈阳机器人公司股东结构情况见表 14-1。

表 14-1　沈阳机器人公司股东结构情况

股 东 名 称	出资额（万元）	股比（%）	备　注
哈尔滨工业大学资产投资经营有限责任公司	4200	21.00	哈尔滨工业大学下属投资公司
沈阳中科天盛自动化技术有限公司	4200	21.00	中科院沈阳自动化所全资子公司
沈阳新松机器人自动化股份有限公司	2600	13.00	机器人企业，A 股上市公司
哈尔滨博实自动化股份有限公司	1600	8.00	机器人企业，A 股上市公司
哈工大机器人集团股份有限公司	1200	6.00	机器人企业
埃夫特智能装备股份有限公司	1000	5.00	机器人企业
南京埃斯顿自动化股份有限公司	1000	5.00	机器人企业，A 股上市公司
国机智能科技有限公司	700	3.50	机器人企业
中山中盈产业投资有限公司	600	3.00	政府投资平台
芜湖滨江智能装备产业发展有限公司	600	3.00	政府投资平台
北京中自投资管理有限公司	600	3.00	中科院自动化所下属子公司
上海临港新城投资建设有限公司	600	3.00	政府投资平台
广州新松中以智慧产业投资有限公司	600	3.00	投资公司
北京理工华汇智能科技有限公司	500	2.50	北京理工大学下属公司
合　计	20000	100.00	—

人才方面，股东单位中科院沈阳自动化所已将 100 余人的研发团队划拨至沈阳基地并提供近千平方米的科研及办公条件；股东单位哈尔滨工业大学现已将机器人及人工智能相关的 12 个团队，共计 70 人划归哈尔滨基地。

第二节　运行情况

一、创新能力建设进展

近年来，国家机器人创新中心着重突出机器人行业共性技术服务能力、测试验证能力、中试孵化能力和行业成果转化服务能力的建设。

（1）行业共性技术服务能力。创新中心建设关键零部件、新一代工业机器人、特种服务机器人、社会服务机器人等行业共性技术服务平台。截至 2018 年年底，创新中心已完成城市物流移动机器人设计服务平台、机器人操作系统设计服务平台、机器人机构学与本体设计服务支撑平台、协作型工业机器人设计服务验证平台、医疗诊断机器人设计服务平台、智能移载工业机器人设计服务平台 6 个平台的设备采购。其他 17 个平台项目的设备正在陆续采购中。

（2）测试验证能力。创新中心参照国内外机器人相关标准，研究相应的机器人检测方法、检测标准，系统掌握机器人检测的相关技术；并依据标准，配置相关高性能检验仪器设备，从硬件上达到甚至超过德国技术检验协会（TUV）、美国保险商实验室（UL）等检测机构的水平。目前，创新中心完成了机器人整机和核心零部件产品的检测能力建设，具备了依据相关国家标准、行业标准和国际标准，开展工业机器人整机、服务机器人整机和减速机、伺服电机等核心部件的检测检验能力。

（3）中试孵化能力。创新中心建设典型关键零部件、新一代工业机器人、特种服务机器人、社会服务机器人等中试试验线。在中试孵化能力建设中，创新中心拟建设工业机器人集成应用系统平台等 14 个中试孵化平台，现已完成工业机器人集成应用系统平台、航空工业智能制造试验验证系统平台和智能制造机器人试验验证系统平台 3 个系统平台的设备采购工作。其他 11 个平台正在建设中。

（4）行业成果转化服务能力。2018 年，创新中心重点布局机器人核心技术的突破和成果转化。创新中心联合固高科技（深圳）有限公司、杭州电子科技大学、北京航空航天大学等 10 家国家重点科研院所、高校及行业领军企业申报国家重点研发计划——工业机器人中间件应用平台项目。创新中心联合深圳市智能机器人研究院、西安交通大学、天津郎硕机器人科技有限公司共同申报广东省科技计划——工业机器人远程运维与诊断系统研究。

二、已取得的部分成果

创新中心积极开展机器人检测技术研究开发，承担了国家科技部的机器人检测设备研发、机器人标准制定相关科研项目。2018 年，创新中心申请获得中国南方电网有限责任公司的电力机器人标准研究企业委托项目，负责电力机器人的标准研制、电力机器人检测与评价方法研究等科研任务。创新中心承担了国家机器人标准化总体组秘书处工作，新制定了多个机器人国家标准。创新中心参加制修订的国家标准 19 个，其中牵头国家标准 7 个，参与国家标准 12 个，部分标准已完成标准草案或报批稿。

通过研发团队的不断努力，创新中心于 2018 年在研发项目上取得了较好的成绩。创新中心共计发表论文 49 篇，其中脊柱手术机器人项目组发表论文 34 篇（SCI、EI 收录 25 篇），外骨骼机器人项目组发表论文 5 篇，人机协作机器人项目组发表论文 5 篇，下一代机器人项目组发表论文 5 篇（SCI、EI 收录 4 篇）。创新中心共计申请专利 50 项，其中脊柱手术机器人项目组申请专利 35 项（发明专利 23 项、实用新型专利 8 项、外观设计专利 2 项、软件著作权 2 项），外骨骼机器人项目组申请专利 6 项，人机协作机器人项目组申请专利 2 项，下一代机器人项日组申请发明专利 5 项、软件著作权 2 项。除上述论文和专利外，脊柱手术机器人项目组制定了《脊柱手术机器人系统操作手册》和《脊柱手术机器人系统临床规范》，分别针对椎体后凸成形术、椎板减压术、椎弓根钉固定术和经皮椎弓根钉固定术制定了《机器人临床解决方案》和《医学评价报告》，使操作标准规范化。

成果转移转化方面。脊柱手术机器人项目组在苏州大学附属第一医院、北京积水潭医院、中国人民解放军总医院和北京大学第三医院进行手术实验。采用机器人进行脊柱微创手术可直接降低手术治疗成本，对脊柱微创技术在临床的进一步推广的具有深远的意义。创新中心通过脊柱手术机器人项目转化发明专利 3 项。

创新中心在以下 5 个领域取得突出进展。

（一）人机协作型双臂机器人

制造强国战略规划将机器人作为建设制造强国的重要领域之一，机器人作为新兴产业的代表，是中国实现制造强国战略的关键，也是中国经济进入新常态后，带动经济发展的新引擎。

人和机器人的共融与协作是机器人产业面临的巨大挑战，面对复杂的作业任务和多变的工作环境，通过人—机器人的紧密协作，提高效率和安全，实现智能化、定制化生产，满足多品种、小批量、柔性、快速等传统机器人难以企及的新兴制造需求。

人机协作型双臂机器人的研究方向聚焦“协作型移动双臂机器人的构型仿生与刚柔软一体化设计理论”“人—机器人—环境交互系统的空间、运动、力多维耦合作用规律”“人操作技能解析及操作技能高效传授与机器人知识增殖机理”“人、机、物共享空间下协作的高效性与安全性动态调控机制”等基础和关键科学问题，研制具备与人共融能力的灵巧性移动多臂机器人，对共融合作型移动操作机器人的核心技术进行突破，同时为开发共融合作型移动机器人产品提供理论基础和技术支撑，对于提升我国机器人研究水平和智能制造水平、促进机械/航空/力学/控制等多学科交叉研究等具有重要意义。

目前，人机协作型双臂机器人的研发已经实现了人机协作型双臂机器人的轻量化设计。创新中心基于功能仿生、构型仿生和人机之间的生物-机械系统相融性，研究适应“伙伴角色定位”的协作型机器人构型；基于机器人整机刚度及有限元分析模型，结合先进的结构优化技术，研究机器人整体应力、应变分布状况，开展静动态力学优化分析，实现机器人尺度、结构参数的轻量化集成，完成人机协作型机械臂的仿生综合设计。

人机协作型双臂机器人的研发完成了高性能机电控一体化关节模块设计、试产及单臂机器人测试。创新中心优化单元组件，包括电机、编码器及其一体化关节，兼备高分辨率与高精度性能；研制了基于应变片阵列变刚度关节力矩传感器，满足高性能位置/力随动控制需求。创新中心研究人员将上述关键组件同可变输出端相结合，构建刚性关节、力感知关节、柔性关节 3 类面向不同需求的功能可配置关节。创新中心将关键部件（电机、编码器、主控板等）进行小批量试生产，同时，组装了单臂机器人，进行了运动精度测试，达到了预期的运动跟踪精度要求。

人机协作型双臂机器人的研发突破了基于系统仿真重构、离线编程与调试、接口快联的快速部署技术。创新中心研制了基于 JAVA 语言开发的人机协作型机械臂仿真软件。对于机器人的每个程序，都以应用程序的方式体现，用户只需要点击相应图标，即可方便地进行机器人的相关操作。

（二）外骨骼机器人

面向弹药搬运、火炮装填、飞机挂弹药等典型托举搬运任务，以托举搬运型外骨骼系统为背景，创新中心设计了一款高度适应士兵机动作业的外骨骼机器人。外骨骼机器人具有精准的信息采集能力与良好的人机交互策略，能实现良好的人机耦合跟随运动，提升士兵在野外复杂环境中的活动能力，为士兵在执行托举搬运作业任务时增加力量，提高负重环境下士兵的行走能力。创新中心重点突破系统一体化集成设计、系统负荷分布与接口、人体上下肢协同运动意图预判、人机平衡性控制、集成测试与评估等关键技术，形成演示样机[系统重量不超过 45kg（上肢不超过 20kg；下肢不超过 25kg），搬移托举能力大于 50kg]，为搬移托举型外骨骼助力系统提供技术支撑。

目前，外骨骼机器人的研发已经完成了外骨骼系统设计总成。通过基于多体动力分析的多自由度设计，外骨骼机器人满足了外骨骼拟人化的需求，符合人体行走时力矩要求与速度特点，同时保证了穿戴适应性。

外骨骼机器人的研发实现了总体技术指标。在外骨骼机器人本体重量、最大负载、关节输出力矩、行走速度等方面，创新中心实现了既定的技术目标；同时，通过结构和控制单元的一体化设计，简化了系统复杂性，提高了使用便捷性和安全性。

外骨骼机器人的研发实现了人机协同运动控制策略。创新中心研发人员使用经过卡尔曼预测的运动参数进行各项补偿，在一定程度上提高系统的响应，减小滞后；通过双量程测力模块测量由人机轨迹误差产生的交互力信号，使作用力控制在很小的范围，达到“零力跟随”的力闭环控制效果。

创新中心研制了多款外骨骼机器人系统。创新中心在多个领域进行了应用探索，研制了单兵外骨骼机器人、火灾救援外骨骼机器人、柔性外骨骼系统等多套机器人，积累了宝贵经验，为下一步拓展开发奠定了基础。

（三）脊柱微创手术机器人

面向经皮椎弓根钉内固定术、经皮椎体后凸成形术和椎板减压术等脊柱微创外科手术典型术式，创新中心开展了脊柱微创手术机器人系统研究，构建了具有自主知识产权的实验样机和产品样机系统。系统能够完成基于术中医学图像引导下的自主/半自主控制下的导向、进针和磨削功能，并具备在手术过程中进行实时安全监测的能力，通过机器人辅助，降低了手术难度和医生辐射计量，减小了手术创伤、提高了手术精度和安全性。

脊柱微创手术机器人系统研究项目突破了手术机器人系统集成、基于术前-术中医学影像的三维重建及配准、手术器械高精度动态跟踪、基于术中多模态信息的手术安全监控和预警、自主/半自主控制、手术虚拟培训等关键技术，具有自主知识产权，课题成果对我国高端医疗装备的发展具有巨大的推动作用。目前，系统整机通过了整机型式检验，完成了相关动物实验及人体标本实验，为系统临床示范奠定基础。

目前，创新中心已经完成了产品样机的研制。项目组面向脊柱微创手术临床需求，结合医疗机器人技术，研制开发脊柱微创手术机器人系统；构建了新型脊柱微创手术机器人，并突破相关术中导航规划技术、器械高精度动态跟踪技术、机器人自主/半自主控制技术、手术安全控制及预警技术；完成了机器人临床解决方案制定、机器人性能测试、医学实验研究；验证了机器人系统的可行性与有效性，并进行了相关产品样机的推进和医疗产品注册申请。

创新中心进行了大量的医学实验研究。依托北京积水潭医院、中国人民解放军总医院、北京大学第三医院和苏州大学附属第一医院，研究人员制定了基于脊柱微创手术机器人的临床解决方案，并依次开展了人体模型骨、动物干/鲜骨、活体动物及科研临床实验。目前，创新中心针对人体模型骨完成了椎体后凸成形术和椎弓根钉固定术实验42例，椎板减压术实验24例；针对动物干/鲜骨完成了椎体后凸成形术和椎弓根钉固定术实验 38 例，椎板减压术实验 20 例；针对活体动物完成了椎体后凸成形术和椎弓根钉固定术70例，椎板减压术35例；针对临床实验完成了椎弓根钉植入38枚；术后通过CT透视图像辅助手术评价，手术效果满足临床需求。

（四）下一代工业机器人

2018年，创新中心完成了下一代工业机器人部分控制方法的进一步修改和完善，对控制器和示教器的功能进行了进一步的完善，完成了柔顺控制、碰撞检测、手牵引示教等典型功能演示。

创新中心委托国家机器人检测与评定中心（沈阳）对下一代工业机器人重复定位精度、最大运动速度等性能指标进行第三方测试，委托沈阳产品质量监督检验院进行了机器人的IP防护等级第三方测试，并且顺利通过上述测试。测试数据表明，下一代工业机器人样机系统完全达到了预期的设计指标，且部分指标超越预期指标。

创新中心为进一步验证机器人的功能和性能和在实际作业场合的工作能力，分别在沈阳新松机器人自动化股份有限公司完成了轴孔精密装配作业，在沈阳飞机工业（集团）有限公司飞机舱门外进行了曲面轮廓三维测量，在沈阳中科博微科技有限公司电子器件生产线上开展了检测工位作业实验研究，验证了所开发的下一代工业机器人具有安全可靠、运动灵巧、方便易用、柔顺性能好的突出特点。

基于上述良好的研究基础及相关布局，创新中心已着手开展了机器人产品化改进设计方案研究；对关键元器件（电机、谐波减速器、编码器等）进行了国产产品的可替代性调研，结果表明，电机和谐波减速器产品的国产可替代性比较好，编码器码盘则可完全替代，但读数头可替代性较差。创新中心还对具有复杂形状的机器人臂杆加工工艺进行了改进，期望进一步降低制造成本。

（五）复杂曲面机器人精密研磨抛光技术及装备

复杂曲面机器人精密研磨抛光技术是指在复杂曲面工件表面上切除极薄材料层，以减小工件表面粗糙度为主要目标的工业机器人系统。复杂曲面机器人精密研磨抛光装备主要由工业机器人、六维力传感器、磨抛工具、离线编程和在线监控软件系统、工艺数据系统等构成。复杂曲面机器人精密研磨抛光技术可应用于航空、航天、能源、运载等领域复杂曲面零件自动化精密研磨抛光加工，目前已在多家航空企业和民用生产企业获得了工程应用，典型应用案例包括大型模具复杂曲面型面柔性砂带磨削、飞机座舱透明件磨抛、核一级主泵表面磨削、发动机机匣及叶片磨抛、复杂曲面光学元件磨抛、客车表面机器人自动打磨等。

第十五章

国家智能传感器创新中心

为贯彻落实制造强国战略的部署和要求，在国家工业和信息化部和上海市经济和信息化委员会的大力支持下，国家智能传感器创新中心（以下简称创新中心）于2018年7月3日正式启动，创新中心致力于先进传感器技术创新，联合传感器上下游和产业链龙头企业开展共性技术研发，形成产学研用协同创新机制，打造世界级智能传感器创新中心。创新中心的主要目标是重点建设传感器新材料、新工艺、新器件结构设计等工艺研发平台、检测技术平台、工程服务平台，突破传感器精密制造技术的发展瓶颈，提升传感器的精度、可靠性和稳定性。

第一节　建设情况

一、组建情况

创新中心以“平台公司+产业联盟”的模式自主运营，以上海芯物科技有限公司为运营主体，以中国传感器与物联网产业联盟为外延。国家智能传感器创新中心组织架构见图15-1。

创新中心总部设立在上海市嘉定区，目前已建成智能传感器产业园一期，聚集了中科院上海微系统研究所、上海微技术工程研究院、新微创源孵化器等50多家传感器和物联网应用企业，着力打造传感器与物联网产业聚集地。

创新中心自成立以来，制定了内部管理制度，进一步完善和建立相关制度，初步建立了创新中心内部控制体系，包括财务政策、财务报销、资产管理等制度；建立了《科技项目财务管理制度》《全面预算管理制度》《合同管理制度》等，使创新中心财务有预算、使用有依据、合同签订有流程，为防范各类风险、有效使用资金等提供有力保障。

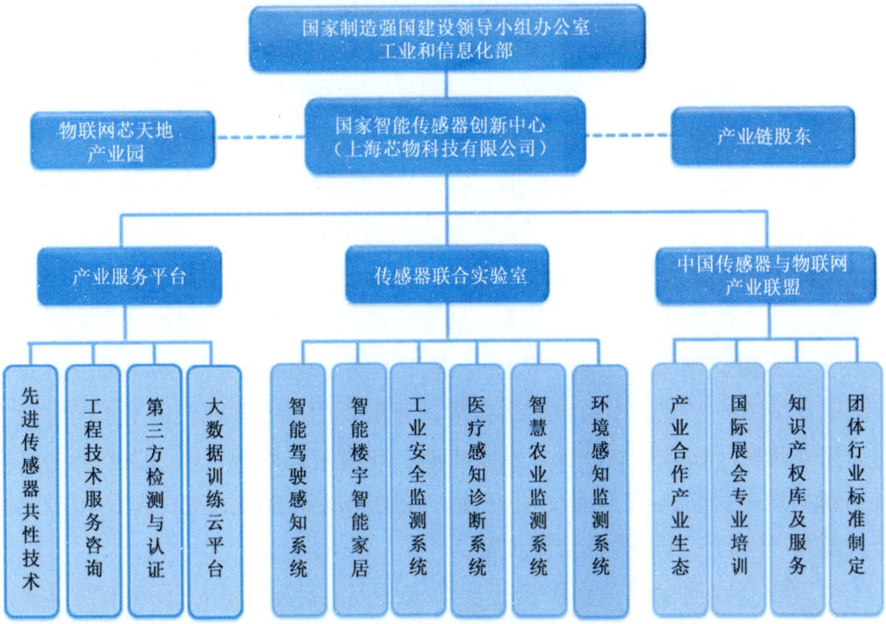

图 15-1 国家智能传感器创新中心组织架构

在信息化建设方面，创新中心使用金蝶企业 ERP 系统，实现了研发、采购、财务、人资、办公等企业经营所涉及流程的统筹化管理；同时，启用云之家企业助手软件，以组织、消息、社交为核心，提供丰富的移动办公应用，打破部门与地域限制，提高沟通激发员工创新。云之家企业助手软件与金蝶 ERP 系统无缝衔接，可实现智能输出图形报表，工作流程随时查看、跟踪、审批，提高协作效率；拥有企业云盘功能，可实现资料存储与共享、设置多角色权限管控，使团队协作更高效。

二、创新资源

上海芯物科技有限公司注册于 2017 年 9 月，由产业链各环节中 12 家领先企业及机构投资组建，股东分布于智能传感器产业链从研发、设计、制造、封测与应用等各个主要环节，包括全球龙头图像传感器企业格科微电子（上海）有限公司、国内龙头 IDM 上市企业杭州士兰微电子股份有限公司、国内领军气体传感器企业郑州炜盛电子科技有限公司、国内龙头封测上市企业苏州晶方半导体科技股份有限公司，科研院所有上海微技术工业研究院、中国科学院微电子研究所，以及各主要应用领军企业中电海康集团有限公司、上海国际汽车城

（集团）有限公司、福建上润精密仪器有限公司、华立科技股份有限公司等 12 家产业龙头代表企业，涵盖了智能传感器产业链上各个关键环节的龙头企业。作为创新中心的实体单位，上海芯物科技有限公司是由上海新微技术研发中心有限公司发起组建的，主要从事半导体技术、传感器技术、光电技术、计算机技术、物联网技术、电子领域内的技术开发、转让、咨询和服务等业务。

中国传感器与物联网产业联盟（以下简称联盟）成立于 2016 年 4 月，秘书处设立在创新中心。联盟是在工业和信息化部指导和支持下成立的，800 多家成员单位覆盖科研院所、产品设计企业、晶圆制造与封测企业、系统集成与行业应用企业、资本及产业基金企业。联盟中的科研单位主要包括清华大学、北京大学、上海交通大学、复旦大学、浙江大学、东南大学等全国重点研究单位，以及中国科学院、中国电子科技集团有限公司、中国航天科工集团有限公司等相关研究所和各级专业计量测定中心、研究院。联盟有能力为创新中心提供丰富的产业链资源与产业交流平台。联盟通过联合联盟成员单位和产业协会，发挥产学研合作和整体资源优势。

创新中心面向全球范围引进行业顶级的人才及团队，已形成来自美国、欧洲、日本等国家和地区的研发、工程技术、管理运营等多种类型组合的优势团队。目前，创新中心已搭建核心运营团队 47 人，其中研发人员 28 人，国家“千人计划”专家 2 人。创新中心核心运营团队具体包括微机电系统（MEMS）工艺开发团队、传感器和专用集成电路（ASIC）设计团队、物联网应用团队、工程和量产测试团队、应用软件团队、市场销售和运营团队等。

第二节　运行情况

一、创新能力建设进展

（一）工程技术服务平台

工程技术服务平台围绕提供专业的测试分析服务进行建设，主要能力包括先进传感测试标定、汽车雷达芯片测试、可靠性测试、器件及产品失效分析、半导体工艺分析、材料分析等。测试能力方面，重点建设各类传感器器件级和系统应用级的检测验证、各类传感器在晶圆级和封装级的量产测试能力，引进包括惯性传感器测试及标定系统、毫米波雷达芯片测试系统、胎压检测标定系统、工业级高精度压力传感器测试标定系统、气体传感器测试标定系统、光学传感器测试标定系统、探针台和环境类可靠性试验箱等检测设备。

工程技术服务平台已完成洁净等级为 10000 级的场地建设 280m²，洁净等级为 1000 级的场地建设 220m²，具备恒温恒湿、防静电、压缩空气、真空、氮气等基础设施。在测试能力上，工程技术服务平台已完成加速度、陀螺仪、地磁传感器的批量测试能力和胎压检测标定能力。传感器 WLCSP 测试设备已到位并正式运行，具备 Carrier Tape 和 Bowl feeder 上料系统，可支持器件尺寸从 1mm×1mm 至 7mm×7mm 的晶圆级封装和传统封装传感器测试。工程技术服务平台拥有独立的 X,Y 旋转轴，最大角速度可达 400°/s，角位置精度小于 0.01°，最高 32SITE 并行测试能力，具备重复性和复现性检测功能（GRR）及在线实验室质量评价（EQC）检测功能，可保障传感器测试标定的质量要求。目前，创新中心已调试完成 3 种封装惯性传感器的批量标定流程，可为相关设计企业提供测试服务。

（二）智能传感器联合实验室

智能传感器联合实验室由创新中心发起，基于创新中心自主研发的传感器关键共性技术与行业领军企业的先进传感器器件方案，以超算为数据处理中心，开发多传感器数据融合系统，为先进传感器的技术创新和标准化提供相应的研发实验环境和融合方案。智能传感器联合实验室以行业及市场需求为导向，面向智能传感器主要应用领域提供验证及中试平台，进一步缩短先进传感器开发周期，加快创新成果大规模商用进程。

智能传感器联合实验室规划占地 2000m²，一期已启用，拥有合作单位 50 余家。在传感器器件领域，智能传感器联合实验室重点关注运动传感器、光学传感器、声学传感器、环境传感器、生物传感器和射频传感器 6 大领域和物联网通信模块，建设了传感器大数据库，目前已收录超过 11000 款传感器。在传感器应用领域，智能传感器联合实验室面向智能汽车、工业物联网、智慧楼宇与家居、智慧农业、生物医疗、环境监测和机器人 7 大智能传感器主要应用领域提供验证及演示平台。

在智能驾驶领域，智能传感器联合实验室主要定位于搭建智能传感器、传感器模组、传感器方案商、汽车厂商之间的技术合作平台，为新兴的传感器设计企业、模组企业提供车厂试用、场景化应用的机会。智能传感器联合实验室主要针对毫米波雷达、激光雷达、摄像/图像传感器技术在智能驾驶中的开发和应用，提供多传感器的融合算法及系统验证，吸引国内中小创新企业、应用龙头企业、汽车厂商共同参与开发，共享研发和产业化成果，形成产业链的垂直创新。

（三）人工智能计算架构联合实验室

人工智能计算架构联合实验室主要聚焦人工智能计算架构的研究、传感器深度感知的学习算法研究和以边缘计算为核心的边缘智能架构的研发。目前人工智能计算架构联合实验室以分散处理单元（DPU）框架为主要技术搭建人工智能算法平台，为产业界提供超算能力。

人工智能计算架构联合实验室于 2018 开发了多传感器深度融合感知的深度学习算法平台（以下简称算法平台）。算法平台主要技术基于红外阵列传感器与声音传感器数据融合的深度学习算法，可进行人体识别与行为识别（老人跌倒监测等），可以较好地规避一般摄像头带来的个人隐私问题。2018 年，算法平台已完成前期原型系统搭建，正在进行数据采集与算法验证。

2019 年，创新中心将重点建设 AI+智能传感器研发与应用创新平台，聚焦多传感器深度融合感知算法，以更靠近智能传感器数据设备端的边缘智能为核心的人工智能应用解决方案，包括边缘计算、算法、硬件、数据、软件与系统等，并且聚焦行业，理清需求，做好示范应用。

二、已取得的部分成果

（一）核心共性技术研发进展

创新中心核心共性技术研发工作持续推进，并在多个领域取得了重要进展。创新中心目前初步建立了红外热堆及其阵列的CMOS兼容MEMS集成制造能力，包括基于CMOS兼容MEMS集成制造技术的红外热堆及其阵列有限元仿真、红外热堆阵列通用选通电路设计、低应力（小于 100MPa）高光学吸收率（大于 50%）的热式复合膜制造工艺、CMOS 兼容 MEMS 多晶硅多类型（N 型、P 型）混合掺杂工艺、低成本高良率全单面四甲基氢氧化铵（TMAH）湿法硅腐蚀特色工艺、高精度自对准 CMOS-MEMS 金属互联工艺等。

（1）高品质压电薄膜制备工艺。通过整合国内外相关资源，创新中心形成了基于锆钛酸铅（PZT）材料的多种 MEMS 压电薄膜制备工艺能力，初步建立了压电陶瓷（PZT）薄膜 MEMS 沉积工艺平台框架，包括利用溅射工艺实现了高机电耦合系数（d31 大于 130pm/V）的低温（小于 500℃）PZT 压电薄膜制造；利用脉冲激光沉积（PLD）工艺实现了高介电常数（ε 大于 1500）的 PZT 压电薄膜制造；利用溶胶凝胶工艺实现了低介电常数（ε 小于 350）的 PZT 压电薄膜制造；完善了一系列压电薄膜材料性能评估方法，包括利用 X 射线衍射（XRD）、原子力显微镜（AFM）、扫描电镜（SEM）和低码片速率（LCR）分析等，实现了针对不同应用的各类 PZT 薄膜材料分析能力。

（2）压电薄膜图形化精细制造工艺。创新中心初步形成了基于压电薄膜刻蚀/腐蚀的图形化精细制造工艺能力，包括利用经过优化的离子束（IBE）刻蚀工艺实现了 90° PZT 薄膜的垂直形貌刻蚀、利用反应离子（RIE）刻蚀工艺实现了高选择比（大于 5:1）的 PZT 薄膜和衬底电极的刻蚀、利用感应耦合等离子（ICP）刻蚀工艺实现了低反溅率的 PZT 薄膜刻蚀、利用缓冲氧化腐蚀装置（BOE）湿法腐蚀工艺实现了零残余材料的 PZT 薄膜刻蚀；形成了多种途径的 MEMS 压电薄膜精细化结构加工制造工艺；完善了一系列压电薄膜图形化后的监控手段，包括 SEM、能谱分析（EDS）、聚焦离子束（FIB）和 LCR 分析等；实现了不同刻蚀/腐蚀技术所产生的压电薄膜表面形貌、机械、电学和压电特性变化的分析能力。

（3）低应力多层压电薄膜制造工艺。建立了基于 PZT 材料的低应力（小于 100MPa）双层压电薄膜、三层电极的多层压电薄膜制造工艺能力，包括多层压电薄膜和电极堆叠结构下，PZT 材料生长的晶粒大小控制、结构化电极情况下 PZT 材料的压电特性调制、多层压电薄膜的复合膜应力匹配、压电薄膜缓冲层的沉积。

（二）项目实施情况

创新中心建设项目顺利开展中，目前，已开展关键共性技术的基础研发、完成工程服务平台设备安装及调试工作，项目资金已到位 2 亿元，其中中央补助资金 1 亿元，自筹资金 1 亿元，项目具体开展情况如下。

（1）薄膜压电 MEMS 工艺共性技术。在工艺技术方面，创新中心已在实现单层和多层压电薄膜沉积工艺上取得初步进展，为实现高灵敏度、高可靠性、高良率的压电 MEMS 工艺建立良好的基础；在对加工传感器所需要的衬底材料的研发有部分进展，正在探索压电 MEMS 高精度台阶刻蚀技术。

（2）压电 MEMS 器件设计。创新中心研究并建立了压电 MEMS 器件的集总参数模型，为各类压电 MEMS 器件的设计提供理论依据，同时开展了经典压电 MEMS 器件的设计工作。

（3）热式薄膜传感器制造共性技术。创新中心已建立热式薄膜传感器完整仿真体系，为热式 MEMS 传感器的结构设计提供共性技术支撑；在研究 CMOS 结合 MEMS 工艺上取得进展，主要包括薄膜沉积工艺结合、注入条件匹配、金属互联实现等。

第十六章

国家集成电路创新中心

第一节　建设情况

一、组建情况

国家集成电路创新中心（以下简称创新中心）以股东单位为主体，以行业骨干企业、国内高校科研机构为合作参与单位，吸纳政府资金、产业基金、企业、高校、科研院所和社会资本增资扩股，完善股权结构和法人治理结构，保障创新中心的独立性、实体性和中立性；集中产业界优势力量，完善集成电路产业链上下游协同机制，提高创新中心的可持续发展能力。

（一）上海集成电路制造创新中心有限公司

参照工业和信息化部提出的符合国家创新中心建设领域总体布局要求、面向制造业创新发展重大需求等12项条件，针对国家制造业创新中心建设领域总体布局“集成电路先进工艺”领域，由复旦大学牵头，与中芯国际集成电路制造有限公司（以下简称中芯国际）和上海华虹（集团）有限公司（以下简称华虹集团）共同组建上海集成电路制造创新中心有限公司（以下简称集成电路公司）。集成电路公司于2018年1月16日在中国（上海）自由贸易试验区注册成立，是按《中华人民共和国公司法》组建的市场化运行的实体公司，并报批成为上海市制造业创新中心。

2018年2月8日，上海市经济和信息化委员会正式发文，把集成电路公司命名为上海市制造业创新中心。2018年6月4日，国家工业和信息化部对集成电路公司组建国家集成电路创新中心作出同意意见的批复。2018年7月3日，国家集成电路创新中心在上海正式揭牌。创新中心组织结构见图 16-1。

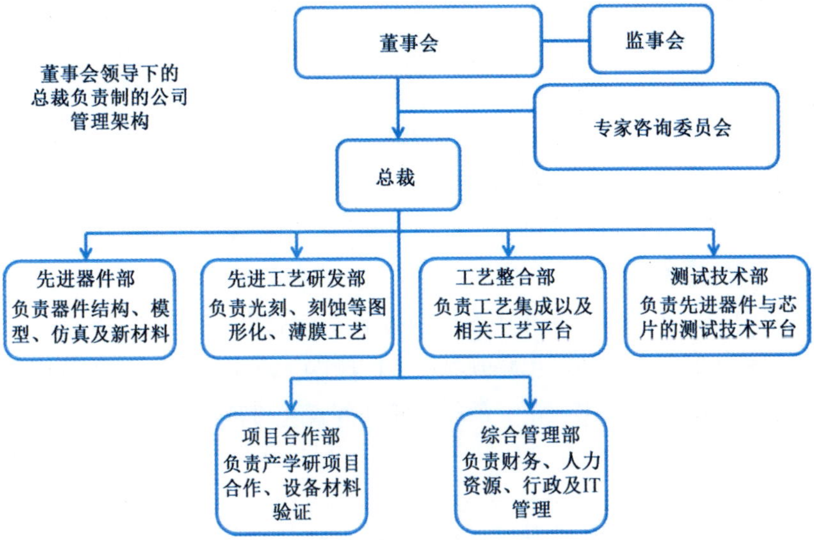

图 16-1　创新中心组织结构

（二）创新联盟

创新中心依托集成电路产业技术创新战略联盟和中国高端芯片联盟（以下简称创新联盟）。2017 年 3 月 22 日，集成电路产业技术创新战略联盟由 62 家龙头企业和机构发起成立。集成电路公司的发起单位中芯国际和华虹集团是创新联盟副理事长单位，浙江大学电气学院和信息学院院长严晓浪教授担任创新联盟副理事长。创新联盟成员单位涵盖集成电路制造、集成电路设计、信息系统集成、电子产品整机制造等全产业链。

创新联盟已在创新中心设立办公室，创新联盟专家咨询委员会主任马俊如先生同时担任创新中心专家技术委员会主任，创新联盟理事长曹健林博士担任创新中心专家技术委员会副主任。

二、创新资源

创新中心在成立之初由复旦大学、中芯国际和华虹集团 3 家单位共同发起，组建新的合资公司作为创新中心的实体。后续将根据产业状况和技术研发进展，适时扩展新成员，增资扩股。复旦大学拥有微电子学院和专用集成电路与系统国家重点实验室，先后承担国家科技重大专项课题 20 余项，在微纳器件和工艺制造方面进行了重点建设，打造了我国高校中顶尖的微纳电子科学和集成电路科技创新平台。中芯国际是国内技术先进的集成电路晶圆代工企业，也是世界领先的集成电路晶圆代工企业之一。华虹集团是国家“909”工程的成果与载体，是以集成电路制造业务为核心的多业务平台共同发展的集成电路产业集团。

通过创新联盟，创新中心开展与集成电路产业界的广泛合作，聚集高端国际人才团队，形成大量原创技术。创新中心发挥创新联盟单位各自优势，整合相关资源，探索机制和模式创新；同时，借鉴国内外类似研发机构管理模式，充分发挥我国特色的“政产学研用金”协同决策的科学性，控制风险。

创新中心目前涵盖了3个国家级创新平台，包括国家发展改革委认定的上海集成电路研发中心；集成电路领域唯一的国家重点实验室专用集成电路与系统国家重点实验室；由上海市、浙江省和江苏省共同发起成立，复旦大学牵头的长三角集成电路设计与制造协同创新中心。

创新中心是一个以技术研发为核心业务的企业，技术人员是企业的生命力。专用集成电路与系统国家重点实验室28人的团队已整体被聘到创新中心，其中包括中科院院士2人、国家“千人计划”专家3人、“青年千人”8人。上海集成电路研发中心有70名资深技术人员，加入创新中心的研发工作。未来3年国家集成电路创新中心拟组建一支拥有180人的队伍，技术研发人员占比不低于80%，管理类人员占比不高于20%。

第二节　运行情况

一、二维半导体准非易失性存储器研制成功

创新中心实现了具有颠覆性的二维半导体准非易失性存储器，开创了第三类存储技术，写入速度比目前U盘快一万倍，数据存储时间也可自行决定，解决了国际半导体电荷存储技术中“写入速度”与“非易失性”难以兼得的难题。相关成果已发表于《自然•纳米技术》杂志。目前，半导体电荷存储技术主要有两类，第一类是易失性存储，例如，计算机中的内存，掉电后数据会立即消失；第二类是非易失性存储，例如，人们常用的U盘，在写入数据后无须额外能量可保存10年。易失性存储可在几纳秒左右写入数据，非易失性存储需要几微秒到几十微秒才能把数据保存下来。

二维半导体准非易失性存储器既满足了10纳秒写入数据速度，又实现了按需定制（10秒～10年）的可调控数据准非易失特性。这种全新特性不仅在高速内存中可以极大地降低存储功耗，同时能实现数据在有效期截止后自然消

失，在特殊应用场景解决了保密性和传输的矛盾。二维半导体准非易失性存储器创造性地选用多重二维材料堆叠构成了半浮栅结构晶体管：二硫化钼、二硒化钨、二硫化铪分别用于开关电荷输运和储存，氮化硼作为隧穿层，制成阶梯能谷结构的范德瓦尔斯异质结。二维半导体准非易失性存储器可在大尺度合成技术基础上实现高密度集成，将在极低功耗高速存储、数据有效期自由度利用等多领域发挥重要作用。

二、二维原子晶体场效应晶体管取得重大突破

创新中心实现了具有晶圆级均匀性的二维原子晶体场效应晶体管制造技术。随着半导体领域飞速发展，微纳电子器件的特征尺寸逐渐逼近传统半导体材料的物理极限。作为一种新型的二维材料，过渡金属硫系化合物的出现受到了业界的广泛关注。过渡金属硫系化合物具有类石墨烯的二维层状结构，具备能带间隙可调等独特的半导体特性，在电子学、化学、力学等领域都展现出了优异的物理特性，有望打破器件尺寸的极限，在下一代微纳电子领域取得重大突破。而晶圆级二维原子晶体薄膜的制备技术和稳定的掺杂工艺是大规模集成电路实现的必要前提，业界均未提出有效解决路径。

创新中心已突破制备二维原子晶体工艺，获得了大面积连续二维过渡金属硫系化合物原子晶体材料。同时，由于二维过渡金属硫系化合物材料本征的半导体特性，业界都只实现 n 型二维原子晶体场效应晶体管的制备，但难以突破 p 型二维原子晶体场效应晶体管的制备。而稳定 p 型二维原子晶体场效应晶体管的缺少必将极大地限制其在 CMOS 集成电路领域的应用。创新中心创造性地提出利用原子层淀积与硫化技术相结合的制备工艺，数字化控制二维原子晶体薄膜的生长厚度，原位引入氮原子进行替位掺杂，实现了高质量、层数可控、大面积均匀且稳定 p 型掺杂的二维原子晶体 WS2 薄膜制备，实现了 WS2 薄膜材料的晶圆级制备和对材料稳定的 p 型掺杂，为其他二维原子晶体材料的大面积合成及稳定掺杂技术提供了创新性思路，将二维原子晶体场效应晶体管在未来大规模集成电路领域的应用起到推进作用。

三、3～5 纳米线阵列晶体管静态随机存取存储器（SRAM）工艺研究取得突破

创新中心获得堆叠环栅纳米线金属一氧化物半导体场效应晶体管（MOSFET）工艺初步方案，开展了堆叠纳米线 Bosch 刻蚀工艺的可行性认证，实现了 4 层纳米线结构；完成了堆叠纳米线 Bosch 刻蚀工艺优化 LAYOUT 设

计，包括基于实际器件尺寸的纳米线结构和扫描电子显微镜（SEM）测试用结构版图；完成了 TCAD 服务器搭建及环栅器件初步仿真设置。创新中心实现了具有 3 ~ 5 纳米线阵列晶体管 SRAM 工艺流程的建立。

随着晶体管技术的发展，器件结构从平面型晶体管，发展到鳍形栅场效应晶体管（FinFET）。但当工艺从 7nm 逐渐进入 5nm 节点时，鳍形栅场效应晶体管的结构也不能给沟道提供足够的栅控，而环栅晶体管正好能够弥补鳍形栅结构的不足，有望打破器件尺寸的极限，对下一代晶体管发展做出重大突破。环形栅晶体管可以根据几何结构分为横向环形状栅晶体管（LGAA-FET）和垂直环栅晶体管（VGAA-FET）。而目前对于 3 ~ 5 纳米线阵列晶体管制备的必要前提是在于如何有效地在当前成熟的 FinFET 工艺上大规模生长有序的纳米线器件。

创新中心成功解决了如何高效利用 FinFET 工艺制备出生长有序的纳米线陈列，同时，在 FinFET 工艺的基础上，增加硅和锗硅外延叠层，以及在金属栅工艺中加入硅与锗硅选择性刻蚀，实现 LGAA-FET 工艺，主要工艺步骤为衬底外延、浅槽隔离、多晶硅栅淀积、源漏外延和金属栅淀积。通过工艺过程仿真可以了解在工艺过程中存在的风险，并为优化工艺流程提供了宝贵的参考，再通过与实际工艺的不断迭代，将工艺参数以最有效率的方式优化，最终为下一代晶体管的发展铺平道路。

四、完成半浮栅高速缓存专用工艺与基础逻辑工艺整合

创新中心联合行业优势单位如复旦大学、上海华力微电子有限公司、上海华岭集成电路技术股份有限公司、北京华大九天软件有限公司等联合攻关。根据上海市经济和信息化委员会布局的面向 5G 应用的高速缓存设计、仿真、验证“一条龙”项目的实施方案，创新中心完成了半浮栅高速缓存专用工艺与基础逻辑工艺的整合，完成了高速缓存器件结构的设计。核心缓存器件将采用 U 型的沟道设计，有利于光刻和避免短沟道效应，适用于 40 nm 到 20 nm 工艺节点下半浮栅晶体管（SFGT）的制造。半浮栅高速缓存专用工艺与基础逻辑工艺项目未来将通过两个方向推进实施，其一是器件开发，从器件设计、工艺集成到流片测试，最终完成器件测试与建模；其二是存储器芯片设计开发，与器件开发同时进行，先开发一个小容量的存储器电路，并进行测试，验证存储器外围读写电路的正确性。

目前，传统的高速缓冲存储器面临巨大的问题，其占用的芯片面积几乎占据了芯片所有面积的一半，代价十分高昂。半浮栅高速缓存提供了一种非常好

的解决方案，为高速缓冲存储器的国产化带来了机会。基于半浮栅晶体管的高速缓存单元具有读取速度快、存储窗口大等优点，多项性能指标超越国外水平。半浮栅高速缓存专用工艺与基础逻辑工艺项目起到的技术带动和引用作用主要体现在具有完整自主知识产权的高速缓存技术的突破。

五、高性能非晶氧化物半导体 InGaZnO 薄膜晶体管和超级电容研究取得突破

创新中心联合复旦大学，采用特殊的氧化铝介质制备工艺，在 30℃条件下制备出高性能非晶氧化物半导体 InGaZnO 薄膜晶体管(以下简称薄膜晶体管)。薄膜晶体管在−10 V 的偏压应力下保持 40 分钟，阈值电压波动仅为 0.11 V，亚阈值斜率变化仅为 22 mV/dec。此外，薄膜晶体管还具有对不同波长的可见光的探测功能。总之，薄膜晶体管因具有极低的热预算，所以在柔性电子领域具有非常好的应用前景。

超级电容因具有高功率密度、长循环寿命、可与集成电路相兼容等优点，而备受关注。创新中心联合复旦大学，开展了片上超级电容研究。在低电阻率的硅片上，利用 Pt 辅助的化学刻蚀工艺，制备了高深宽比的亚微孔结构；采用原子层沉积工艺在硅基亚微孔结构表面覆盖一层纳米超薄 In_2O_3 薄膜，作为超级电容的电极材料；获得了 1.36 mF/cm^2 的电容密度（扫描速率为 10 mV/s），2000 次循环测试后电容增加了 47.8%。随着功率密度从 0.03 mW/cm^2 增加到 0.12 mW/cm^2，超级电容能量密度从 0.59 $\mu Wh/cm^2$ 降低到 0.21 $\mu Wh/cm^2$。

第十七章

国家数字化设计与制造创新中心

第一节　建设情况

国家数字化设计与制造创新中心（以下简称创新中心）按照“公司+联盟+网络”的模式组建和运行，以武汉数字化设计与制造创新中心有限公司为创新中心的运营主体，以国家数字化设计与制造创新联盟为依托，建设辐射华中、华东、华南、华北和华西等全国重要工业和经济区域的创新网络。

一、组建情况

（一）武汉数字化设计与制造创新中心有限公司

武汉数字化设计与制造创新中心有限公司（以下简称数字化公司）于2017年11月成立，于2018年5月完成增资扩股，引入本领域引领型企业、产业链上下游单位及多元化社会资本。增资扩股完成后，现有股东15家。

数字化公司作为创新中心的主体，设立独立的企业法人，根据《中华人民共和国公司法》等法律法规实行公司化、市场化运营。数字化公司设立股东会、董事会、监事会、专家委员会和经营管理团队，由丁汉院士担任董事长，丁荣军院士担任副董事长。

数字化公司建立以项目为驱动、以职能部门为能力基础的矩阵式结构组织，下设研发中心、市场与技术服务中心、综合管理部、项目管理部、创新服务部和财务管理部等部门。项目实行项目经理负责制和独立核算，项目经理负责项目的执行和目标的实现；职能部门负责项目资源的配置和相关业务的保障服务。

（二）数字化设计与制造创新联盟

数字化设计与制造创新联盟（以下简称创新联盟）由华中科技大学、清华大学、上海交通大学、浙江大学、机械科学研究总院集团有限公司、中国第一汽车集团有限公司等联合发起，由立志于自主创新、积极推动我国数字化设计与制造技术进步的企业、大专院校、科研机构和社会团体在自愿、平等基础上组成的非独立法人团体。创新联盟于 2018 年 3 月 29 日正式成立，由李培根院士担任理事长，柳百成院士担任专家委员会主任。

（三）数字化设计与制造创新网络

创新中心积极利用股东在各区域已有的技术成果转化基础，建设华中总部基地和华北、华东、华南、华西区域分中心和网络节点，形成覆盖全国重要工业和经济区域的数字化设计与制造创新网络，从而建设和完善“公司+联盟+网络”的运作框架。创新中心正在筹划和推进面向航空航天领域的华西分中心、面向建模仿真领域的华北分中心、面向汽车领域的华东分中心等几个重要行业领域的分中心。

二、创新资源

数字化公司是由华中科技大学牵头设立，联合国内智能制造相关领域内龙头、骨干企业共同投资的技术研发平台型企业。数字化公司主要负责人由数字化设计与制造领域顶极或权威专家担任，专家均具有丰富的技术成果转化工作经验和企业经理管理工作经验。为满足国家制造业创新中心建设有关要求，数字化公司引入本领域骨干企业、产业链上下游单位和多元化社会资本，从而建设成为满足国家战略需求、发挥公司特色优势、实现数字化、智能化制造领域知识创新、技术创新、行业创新的国家制造业创新中心。

数字化公司股东共 15 家，包括武汉华中科技大产业集团有限公司、武汉智能装备工业技术研究院有限公司（以下简称武汉智能装备院）、华中科技大学无锡研究院、东莞华科工研高新技术投资有限公司、中车株洲电力机车研究所有限公司、珠海格力电器股份有限公司、泸州航空发展投资有限责任公司、北京云道智造科技有限公司、浙江吉利控股集团有限公司、武汉重型机床集团有限公司、武汉高德红外股份有限公司、武汉华中数控股份有限公司、深圳市兆威机电股份有限公司、深圳市凯中精密技术股份有限公司、大通互惠集团有限公司。

创新联盟吸引汇聚了来自全国数字化设计与制造领域高等院校、科研院所、龙头骨干企业，现有会员单位77家，覆盖了本领域内60%以上的国家重点实验室和国家工程中心，包括 12 个国家重点实验室、11 个国家工程中心等国家级创新平台和 6 个工业技术研究院，形成了比较完善的从基础研究、技术开发到技术转化的国家级制造领域创新链。

创新中心与数字制造装备与技术国家重点实验室等 12 家国家级科研机构签订战略合作协议，并与其中多个国家级科研机构就设备租赁共建能力平台事宜开展实质性的合作，租赁设备已在创新中心总部基地布置。同时，创新联盟核心成员华中科技大学、清华大学、上海交通大学、浙江大学等单位积极推进和数字化设计与制造领域的世界一流高校、一流科研机构和国际领先企业的紧密合作，通过共建平台、项目合作、高水平学术会议、研发人员交流和高层次人才互派互访，开展了多层次的国际交流与合作。

创新中心建设一支以首席科学家为龙头、以领军人才为核心、以骨干人才为主体的专兼职结合、形式多样的高水平人才队伍。紧密围绕数字化设计、数字化成形制造和数字化加工制造 3 个方向，由院士担任首席科学家，汇聚了一批院士、“千人计划”学者、“973”项目首席科学家等领衔的优秀人才队伍，与上述人才的专兼职协议签订工作基本完成。目前，创新中心已建设一支专职管理团队和专兼职相结合的技术研发团队。

第二节　运行情况

一、创新能力建设进展

创新中心通过走访调研科技机构与行业企业，举办技术发展战略高端论坛、航空航天智能制造装备高端论坛、创新中心工作研讨会等活动，进一步充分明确了市场需求，深化了关键共性技术研发与能力平台建设的战略与方案。在此基础上，创新中心征集并筛选了一批共性技术研发项目，逐步进行论证和立项。

（一）关键共性技术研发

创新中心面向布局领域的行业需求，开展行业共性技术研发。目前，创新中心已在数字化设计、数字化成形制造、数字化加工制造和数字化车间 4 个领域论证或立项 20 项关键共性技术研发项目，其中，17 项关键共性技术研发项目通过创新中心专家论证并立项，3 项关键共性技术项目正在论证过程中。

1. 数字化设计关键共性技术研发

面向航空航天、轨道交通、能源电力、船舶海洋、装备制造等领域数字化创新设计的需求，创新中心已立项“复杂装备正向创新设计技术”“基于模型的船舶行业专用设计技术”“数字化多学科系统智能设计与协同研发技术”等研发项目，力争形成具有自主知识产权的复杂装备创新设计平台与工具、船舶数字化设计制造及数据管理一体化集成软件、系统综合设计与仿真验证平台，建立若干重点行业的基于模型标准的领域模型知识库并建立应用推广示范，支撑我国航空发动机、船舶与海洋装备、大型精密机床、航空电液系统等的数字化创新设计。

2. 数字化成形制造关键共性技术研发

面向航空航天、新能源汽车、轨道交通、海工装备、电子制造等领域高品质成形制造的重大需求，创新中心已立项“大功率激光加工技术”“设计、成形、检测一体化的聚合物成形技术”“印刷显示高分辨率喷印技术”“面向微纳制造的超高频激光加工技术”“先进成形制造工艺与建模仿真技术”等研发项目，力争形成国产自主可控的新能源汽车车身激光焊接工艺及生产线、智能注塑成形关键技术和装备、印刷显示高分辨率喷印技术及装备、航空航天复合材料飞秒激光高效高精切割技术与装备、成形制造工业互联网仿真平台和核心模拟仿真软件等核心工业软件和工艺装备，支撑新能源汽车车身、飞机仓罩、新型显示器件、航空航天复合材料、航空发动机单晶叶片等重点行业关键核心部件的高柔性、高效率、高质量、短流程和绿色制造。

3. 数字化加工制造关键共性技术研发

为解决大型风洞、航空航天发动机机匣、大型风电叶片、高铁车体结构件、火箭筒段、大型船舶甲板等大型复杂构件和高精度光学零件、惯导器件、高性能薄膜等高精零件的加工效率低、加工精度低、一致性控制难等问题，创新中心已立项大型风洞构件的移动式机器人加工技术、航空航天发动机机匣数字化加工工艺、大型构件机器人移动操作和加工技术、复杂薄板结构大场景高精度测量技术和超精密制造与检测工艺等研发项目，力争形成具有自主知识产权的大型构件移动式测量加工检测一体化机器人化加工核心技术与装备、航空航天发动机机匣数字化加工计算机辅助制造（CAM）软件与成套工艺解决方案、面向大部件自动对接的大场景整体测量系统、精密光学部件与惯导系统精密核心部件加工工艺软件等核心工艺软件、装备和成套解决方案，支撑我国风洞、航空航天发动机、火箭、高铁、海洋与能源装备、武器装备等领域关键核心零部件的高品质制造。

为实现上述核心装备控制系统的国产自主可控，创新中心已立项标准化编程平台及工业数字资产研发项目，力争形成具有自主知识产权的可编程自动化控制器（PAC）系统和国有标准化工业数字资产。

4. 数字化生产线/车间关键共性技术研发

面对航空航天发动机试制车间、汽车/航空航天企业智能物流系统、大型风洞等建设过程中的“数字化、网络化、智能化”需求，创新中心已立项面向制造系统的数字孪生技术、基于动态模块化的智能物流技术、创新中心大数据运营基础平台等研发项目，力争形成虚实实时交互/互相耦合的数字车间成套解决方案，面向制造企业的智能物流软件、核心部件和成套解决方案，制造大数据综合服务与共享平台等数字化车间关键核心技术和解决方案。

（二）能力平台建设

创新中心面向国家重大需求，按照《国家数字化设计与制造创新中心建设方案》（以下简称《建设方案》）要求，将建设国际先进的数字化设计与制造能力平台。数字化设计与制造能力平台由数字化设计能力平台、数字化成形制造能力平台和数字化加工制造能力平台 3 部分组成。经高校和行业专家多次研讨，创新中心制定《国家数字化设计与制造创新中心能力平台建设工作计划》，按照支撑的关键共性技术研发方向，上述3部分可细分为10个重点方向。

1. 数字化设计能力平台建设

数字化设计能力平台正建设 3 个重点方向：重大装备数字正向设计技术与软件；多学科系统智能设计与协同研发测试；制造大数据与数字双胞胎技术开发与试验。数字化设计能力平台建设方案见图17-1。

2. 数字化成形制造能力平台建设

数字化成形制造能力平台正建设 4 个重点方向：先进成形建模仿真与工艺验证；激光加工工艺验证与装备中试；智能注塑工艺验证与装备中试；高精高

效喷印装备中试。数字化成形制造能力平台建设方案见图 17-2。

	重大装备数字正向设计与软件平台	多学科系统智能设计与协同研发测试平台	制造大数据与数字双胞胎技术开发与试验平台
预期能力	➢静态结构与动态性能指标展示 ➢产品设计快速验证 ➢研发云 ➢数字化设计与制造一体化	➢协同建模、在线仿真 ➢多领域基础共性模型库和各行业通用模型库和模型测试工具 ➢工业知识互联平台	➢智慧供应链物流技术验证 ➢面向产线的数字孪生技术验证 ➢面向汽车精密零部件智能加工综合实验平台
可支撑共性关键技术	➢复杂装备的数字化设计 ➢装备制造企业数字化设计与制造一体化技术 ➢面向制造业的智能数据库技术	➢复杂系统多领域功能协同建模与仿真技术 ➢基于云平台的工业知识互联与协同研发技术	➢面向汽车行业的智慧“产供销”协同体系以及供应链技术 ➢基于大数据的产线状态预测与工艺分析优化技术
服务对象	武汉重型机床集团、浙江大学、创新中心研发团队、格力、武汉智能装备院	华中科技大学、中国航天一院/五院/六院/八院、航天科工二院/三院/四院/九院、航发、商飞、中航	吉利、武汉智能装备院、凯中精密、武汉重型机床集团、泸州航发投、中国航天一院
典型设备	研发云、增强现实系统、西门子PLM软件系统	基础模型库、行业通用模型库、模型测试工具	智能物流单元及系统、产线监测系统及大数据分析软件
责任专家	谭建荣院士	陈立平	丁华

图 17-1　数字化设计能力平台建设方案

	先进成形建模仿真与工艺验证平台	激光加工工艺验证与装备中试平台	智能注塑工艺验证与装备中试平台	高精高效喷印装备中试平台
预期能力	➢模拟仿真软件测试验证 ➢多物理场耦合求解能力 ➢仿真开发环境和工具的云化	➢多种激光制造工艺测试验证能力 ➢焊接过程信号实时监测、存储、管理、分析能力	➢高性能聚合物工艺验证 ➢聚合物流变性能测试 ➢注塑过程数据监测 ➢注塑品外观及性能检测	➢高分辨率电流体喷印技术测试验证能力 ➢喷印OLED显示大面积高精度电喷印装备中试
可支撑共性关键技术	➢工业互联网仿真平台软件 ➢定向及单晶叶片模拟技术 ➢特大型铸件建模与仿真 ➢铝镁合金铸件建模与仿真	➢面向微纳制造的超高频激光加工工艺与核心部件 ➢大功率激光焊接典型工艺 ➢高精度激光焊接切割技术	➢设计、成形、检测一体化的聚合物成形技术 ➢数字化设计与成形过程模拟仿真技术	➢印刷显示高分辨率喷印技术、部件、工艺与装备 ➢新型显示缺陷的智能机器视觉检测技术与装备
服务对象	北京云道智造、大通互惠、吉利、清华大学、沈阳黎明、中航发南方	广东省工业技术研究院、华中科技大学产业集团、高德红外、吉利、南高齿	深圳市兆威机电、华中科技大学产业集团、格力、北京云道智造	华中科技大学、华星光电、深圳TCL、天马微电子、中国电科38所
典型设备	聚焦离子、电子双束系统、工业安卓开发环境IBE软件	激光焊接熔池监测系统、光器件封装设备、飞秒激光器	高性能注塑机、双螺杆挤出机	高分辨率显示喷墨印刷装备、净化间
责任专家	柳百成院士	段正澄院士	李德群院士	尹周平

图 17-2　数字化成形制造能力平台建设方案

3. 数字化加工制造能力平台建设

数字化加工制造能力平台正建设 3 个重点方向：复杂曲面关键零件多轴数控加工；工艺验证和复杂零件测试及建模仿真分析；大型复杂构件机器人化加工。数字化加工制造能力平台建设方案见图 17-3。

为加快推动能力平台建设，一方面，创新中心依托专家和研发团队反复论证软硬件设备需求，进行选型与技术性能咨询调研工作，另一方面，创新中心抓紧推进设备采购的前期准备工作。数字化公司组建成立招标工作小组，制订了《采购管理办法》《招标采购实施细则》等制度文件，并组织遴选了招标代理机构、工程造价评估机构、财务审计机构等中介机构，为软硬件设备采购打下基础。

	复杂曲面关键零件多轴数控加工平台	工艺验证和复杂零件测试分析及建模仿真	大型复杂构件机器人化加工平台
预期能力	➢ 国内航空航天发动机全型号重要零部件加工工艺验证 ➢ 飞机、船舶、汽车等行业复杂零件高端制造工艺验证	➢ 模具制造过程的自动化控制系统及设备中试 ➢ 红外光学元件与惯导系统精密核心部件制造工艺验证	➢ 基于移动式机器人平台的高效加工工艺验证 ➢ 大型构件移动式分段加工工艺验证与装备中试
可支撑共性关键技术	➢ 复杂曲面关键零件加工工艺 ➢ PAC控制器、PAC编程系统 ➢ 复杂零件的多轴高效高精自适应加工工艺	➢ 模具制造智能化与集成化生产技术 ➢ 精密零部件的超精密制造工艺	➢ 航空航天、轨道交通等典型构件移动机器人加工技术 ➢ 多机器人实时监测反馈、参数优化、精度补偿、协同加工技术
服务对象	华中数控、泸州航发投、吉利、无锡研究院、上海交通大学、沈阳黎明	格力模具、高德红外、华中数控、烽火科技、中船重工717、航天科技803所	中东株洲所、29基地、上飞、成飞、沈飞、中船动力、中船传动
典型设备	Mikron HPM 1250U、Mazak QT350、智能产线单元	超精密加工机床、石墨加工中心、电极自动线单元	工业机器人、激光雷达、全向轮智能自动导引运输车（ACV）、力控打磨套件
责任专家	丁汉院士	黄国军、黄建忠	彭芳瑜

图 17-3　数字化加工制造能力平台建设方案

二、已取得的部分成果

（一）技术合作与技术服务

1. 面向航空发动机高效高品质制造与测量评价的共性需求，与中国航发动研所（以下简称 608 所）、沈阳黎明发动机制造公司（以下简称 410 厂）、中国航发南方工业有限公司（以下简称 331 厂）等单位合作，推进技术研发项目的实施。

创新中心与 608 所合作开展整体叶环、配重叶片等典型零件高品质加工工艺的研发，其中整体叶环已小批量试制，配重叶片小批量生产；与410厂、331厂合作开展整体叶盘、涡轮导向叶片、涡轮工作叶片、压气机叶片等典型零件测量数据自动评价系统的研发；与 331 厂就中小型航空发动机试制中心的建立工作展开合作，创新中心正参与到 331 厂试制中心能力平台建设、研发团队建设、技术项目研发、研发人员培训等工作中。

2. 面向航天发动机高品质制造需求，与北京动力机械研究所（以下简称航天三院 31 所）合作，推进技术研发项目的实施。

创新中心与航天三院 31 所、泸州市政府合作，参与到航天三院 31 所航空发动机泸州制造基地的建设中。通过三方合作，创新中心将建成航天动力产品全流程生产线，服务空天动力和飞航发动机产品零件的研制和生产，开展关键零部件自主工艺技术、软件与装备的研发等技术研发项目。创新中心已立项航天发动机机匣数字化加工工艺研发项目，项目团队已成功建立了关于打磨加工参数及不确定因素的打磨表面粗糙度的预测代理模型，为后续实现加工轨迹自动规划和加工参数自适应控制奠定理论基础，相关技术申请国家发明专利 1 项。创新中心自主开发了机器人打磨/去毛刺加工轨迹规划与编程软件初始版本，基于 ANYCAD 平台开发了机器人打磨/去毛刺加工轨迹规划算法，开发了机器人加工后置处理算法模块，初步实现了机器人去毛刺加工离线编程功能。目前，创新中心正在持续推进机匣类零件打磨/去毛刺工艺试验研究，为实现加工特征智能识别、加工轨迹智能规划、加工过程自适应控制的目标积累工艺知识。此外，创新中心正积极将相关技术向航空发动机、水轮机、船用发动机等方向推广应用。

3. 与 TCL 集团股份有限公司（以下简称 TCL）、武汉华星光电技术有限公司（以下简称华星光电）、华中科技大学等单位就新型显示高端制造与检测装备的研发开展合作，并成功牵头申报广东省重点领域研发计划专项项目。

2019 年 4 月，创新中心牵头申报的广东省重点领域研发计划 2018-2019 年度新型显示重大科技专项高精度喷墨打印设备获批。以此项目为契机，与 TCL、华星光电、华中科技大学等单位就新型显示高端制造与检测装备的研发签订协议。目前，项目团队实现了对打印过程中打印路径及喷嘴喷射时序的规划、飞行墨滴形态识别及体积测量、喷墨打印缺陷自动光学检测（AOI）算法等方面取得技术进展。

4. 围绕中国空气动力研究与发展中心（以下简称空气动力中心）、成都飞机工业（集团）有限责任公司（以下简称成飞）、沈阳飞机工业（集团）有限公司（以下简称沈飞）等单位在大型构件数字化加工方面的共性需求，开展超大尺寸构件现场智能加工关键技术、大型构件测量加工一体化技术等项目研发。

大型风洞多机器人协同加工项目团队成功中标空气动力中心的超大尺寸现场智能加工关键技术研究项目。目前，项目团队已根据风洞构件待加工面积大、结构多样、去除余量大、余量分布不均匀等特性，开发特定的打磨核心部件。

大型构件机器人移动加工项目团队针对成飞、沈飞等单位大型复杂构件结构复杂、薄壁弱刚性的特点，在基于 CAD 模型和点云信息的机器人自主加工规划软件开发、无传感试触式恒力打磨方法研发等方面开展工作并取得进展，阶段性成果已在大型客机机翼垫片的打磨上进行了实验验证。项目团队申报的湖北省2019年度工业机器人重大科技创新项目已完成公示，目前正在签订项目任务书。

5. 与中国舰船研究设计中心（以下简称701所）围绕舰船数字化设计制造与数据管理一体化系统的自主可控开展合作，系列合作项目已签订，部分项目已完成验收。

创新中心通过竞争性谈判，与701所签订了舰船设计制造与数据管理一体化软件系列项目，包括跨部/室技术协调系统研制、数字总图与产品数据管理（PDM）集成系统研制、原理图与PDM集成系统研制、结构模型系统集成接口软件研制4个项目。在前期需求调研、需求评审和设计评审等环节的基础上，创新中心完成了软件开发、测试、用户试运行及培训等工作。2019年6月，上述4个项目通过了701所专家评审，顺利结项验收并交付使用。

6. 启动开发几何约束求解器。

创新中心作为牵头单位，与广州中望龙腾软件股份有限公司（以下简称中望龙腾）、山东山大华天软件有限公司（以下简称华天软件）强强联合，基于前期技术成果，结合中国CAD产业发展需求，全面突破CAD关键组件——几何约束求解器，力争实现关键组件的进口替代与自主可控，为我国CAD技术、产品和产业的自主可控可持续发展提供安全可靠长治久安的技术支撑。创新中心牵头，与中望龙腾、华天软件联合申报工业和信息化部2019年工业强基实施方案（第二批）约束求解引擎项目已获批。

7. 与高德红外股份有限公司（以下简称高德红外）合作开展超精密加工与检测技术的研究。

创新中心与高德红外光学制造部合作开展了围绕单晶硅红外透镜的超精密加工与检测技术的研究，针对单晶硅各向异性导致的无法高精度均匀抛光的难题，提出离子束抛光的方法降低单晶硅数控抛光的面形误差，加工面形精度优于100nm。

8. 围绕武汉重型机床集团有限公司（以下简称武重集团）、深圳市凯中精密技术股份有限公司（以下简称凯中精密）、武汉智能装备院等单位在工业大数据、工业物联网数据存储、管理和分析方面的需求，开展智能制造数据库技术的研发。

创新中心与贵州易鲸捷信息技术有限公司、武重集团、武汉智能装备院、华中科技大学等单位合作，围绕武重集团、凯中精密、武汉智装装备院等单位在工业大数据、工业物联网数据存储、管理与分析方面的需求，开展智能制造数据库技术的研发。项目团队已完成了工业大数据、工业物联网数据特点及对数据管理与使用需求调研、数字化设计与制造类工业软件数据接口需求调研、智能制造数据库中试和运行载体的研发云平台规划与建设等工作，并完成发明专利《研发资源云平台及资源共享方法》的申报。预计，智能制造数据库（含工业软件接口工具集、工业数据边缘计算工具集）将于2020年6月发布V1.0版本。

9. 为湖北省、江苏省等地方中小企业的能力的更新换代与技术的转型升级提供服务与支撑。

创新中心与湖北省仙桃市、江苏省镇江高新区等地方政府建立合作关系，为中船动力有限公司、江苏省镇江船厂有限公司、镇江船舶电器有限责任公司等单位在设计软件、企业制造信息化、生产线自动化、智能仓储、机器人化磨抛与焊接等方面提供技术咨询服务。下一步，创新中心将为上述企业在数字化设计与制造需求解决方面提供技术支撑。

创新中心云运动控制系统项目团队为襄阳路世荣精密机械制造有限公司成功研制“基于IEC61131-3标准的鼓式刹车片自动化生产线控制系统”样机。目前，样机已完成现场调试及验收，开始进行长时间不间断试运行。

（二）知识产权申报

创新中心根据在智能制造数据库、高品质制造技术与工艺、研发云平台等方面取得进展和阶段性成果，已申报发明专利、实用新型专利等共计12项，已申报知识产权简表见表17-1。

表17-1　已申报知识产权简表

序　号	专 利 名 称	专利类型
1	一种被动柔顺打磨装置及控制方法	发明
2	一种被动柔顺打磨装置及控制方法	实用新型
3	研发资源云平台及资源共享方法	发明
4	一种提高FIBM三维微结构面形精度的方法	发明
5	一种大型复杂曲面机器人自动化表面加工自主分片方法	发明
6	喷印薄膜基板的转移装置、电子印刷系统及电子印刷方法	发明
7	一种仿真及实物结合的生产线模拟技术	发明
8	刹车片制造机	发明
9	一种注射模具局部结构分析模型自动创建方法	发明
10	一种注射制品模型的脱模斜度分析及自动优化方法	发明
11	一种基于工件变形代理模型的复杂薄壁曲面加工进给速度优化方法	发明
12	一种用于聚焦离子束铣削加工三维微结构的灰度图生成方法	发明

第十八章

国家轻量化材料成形技术及装备创新中心

第一节　建设情况

目前，轻量化已成为制造业发展的重要趋势，成为世界各国制造业发展战略竞争制高点。制造强国战略10大重点领域中的航空航天装备、高档数控机床和机器人、先进轨道交通装备、节能与新能源汽车、新材料、海洋工程装备及高技术船舶、电力装备 7 大领域均将轻量化材料的应用作为发展重点，迫切需要轻量化材料及其成形制造技术与装备。2017 年 7 月，轻量化材料及成形技术与装备被列入国家制造业创新中心建设领域的总体布局。

一、组建情况

国家轻量化材料成形技术及装备创新中心（以下简称创新中心）在北京轻量化材料先进成形技术与装备产业创新中心的基础上升级组建，采取“北京机科国创轻量化科学研究院有限公司（以下简称轻量化院）+中国轻量化材料成形工艺与装备产业技术创新联盟（以下简称创新联盟）”的模式运行。

（一）轻量化院

创新中心建设依托单位为北京机科国创轻量化科学研究院有限公司。轻量化院是由机械科学研究总院集团有限公司（以下简称机械总院）牵头，联合东风汽车集团有限公司、辽宁忠旺集团有限公司、国机铸锻机械有限公司等12家单位出资注册成立。轻量化院现有人员 208 人，下设材料工程技术研究所、装备制造技术研究所等 6 个研发实体和科技发展部、战略投资与运营部、产业与市场部等 7 个职能部门，拥有先进成形技术与装备国家重点实验室、高档数控机床与基础制造装备国家科技重大专项精密塑性成形技术与装备创新能力平台、国家技术转移示范机构、国家国际科技合作基地等创新基地及机构。

（二）创新联盟

创新中心依托联盟为中国轻量化材料成形工艺与装备产业技术创新联盟。创新联盟成立于2016年，由机械总院联合中国航天科工集团有限公司、中国船舶重工集团有限公司、中国铝业集团有限公司、中国兵器工业集团有限公司、上海交通大学等行业龙头企业、知名高校成立。创新联盟现有成员75家，包含了材料、工艺、装备等领域的 16 所高等院校、10 家科研院所和近 50 家重点企业等各类创新主体。依托创新联盟组织了20多次高端论坛和国际会议，承担了工业和信息化部工业强基工程轻量化材料精密成形技术“一条龙”应用计划的组织实施工作，引导创新联盟成员打通相关轻量化产品产业化应用瓶颈，多家创新联盟成员成为“一条龙”应用计划关键环节承担单位。

二、创新资源

2018 年 5 月，创新中心依托建设单位轻量化院完成增资扩股，由轻量化材料成形产业链（包括材料、工艺、装备、零部件、用户等）上各个环节的龙头企业通过资本入股组建，具有行业代表性。轻量化院股东结构见表 18-1。

表 18-1　轻量化院股东结构

序　　号	股 东 名 称	企 业 属 性
1	机械科学研究总院集团有限公司	大型科研类中央企业集团
2	辽宁忠旺集团有限公司	铝合金材料及零部件制造龙头企业
3	合肥合锻智能制造股份有限公司	高端装备制造龙头企业
4	重庆江东机械有限责任公司	装备制造优势企业
5	国机重型装备集团股份有限公司	零部件制造龙头企业
6	金发科技股份有限公司	工程塑料、复合材料制造龙头企业
7	东风资产管理有限公司	汽车领域典型用户代表
8	国机铸锻机械有限公司	汽车等领域工艺、装备研究优势单位
9	郑州机械研究所有限公司	工艺、装备研究行业单位

续表

序　号	股东名称	企业属性
10	沈阳铸造研究所有限公司	国家级铸造技术专业研究机构
11	武汉材料保护研究所有限公司	表面防护优势企业、国家级科研院所
12	北京机电研究所有限公司	锻压热处理优势企业、国家级科研院所

创新中心股东与创新联盟成员涵盖 23 个国家级创新平台，覆盖了本领域大部分国家重点实验室、国家工程实验室、国家工程研究中心等国家级创新平台，行业创新资源聚集效应显著，满足国家制造业创新中心建设要求。创新中心涵盖的国家级创新平台见表 18-2。

表 18-2　创新中心涵盖的国家级创新平台

序　号	研发机构	依托单位
1	先进成形技术与装备国家重点实验室	机械科学研究总院集团有限公司
2	新型钎焊材料与技术国家重点实验室	郑州机械研究所有限公司
3	高端装备轻合金铸造技术国家重点实验室	沈阳铸造研究所有限公司
4	特种表面保护材料及应用技术国家重点实验室	武汉材料保护研究所有限公司
5	材料成形与模具技术国家重点实验室	华中科技大学
6	先进焊接与连接国家重点实验室	哈尔滨工业大学
7	先进钢铁流程及材料国家重点实验室	中国钢研科技集团有限公司
8	机械系统与振动国家重点实验室	上海交通大学
9	材料复合新技术国家重点实验室	武汉理工大学
10	金属基复合材料国家重点实验室	上海交通大学
11	高性能复杂制造国家重点实验室	中南大学
12	高分子材料资源高值化利用国家重点实验室	金发科技股份有限公司
13	高效优质焊接新技术国家工程研究中心	哈尔滨焊接研究院有限公司
14	制造业自动化国家工程研究中心	北京机械工业自动化研究所有限公司
15	精密成形国家工程研究中心	北京机电研究所有限公司
16	轻合金精密成型国家工程研究中心	上海交通大学
17	模具 CAD 国家工程研究中心	上海交通大学
18	塑料加工与改性国家工程实验室	金发科技股份有限公司
19	大型铸锻件数值模拟国家工程实验室	中国第二重型机械集团公司
20	数控锻压机床装备国家地方联合工程研究中心	合肥合锻智能制造股份有限公司

续表

序　　号	研发机构	依托单位
21	国家先进高分子材料产业创新中心	金发科技股份有限公司
22	节能与新能源汽车关键技术国家地方联合工程实验室	东风汽车集团有限公司
23	先进铸造技术国家地方联合工程实验室	沈阳铸造研究所有限公司

轻量化院现有人员 208 人，其中中国工程院院士 1 名，国家杰出青年科学基金获得者 1 名，“万人计划”领军人才 2 名，新世纪百千万人才工程国家级人选 2 名，北京市科技新星 4 名，研究员 17 名，高级工程师 29 名，博/硕士导师 17 名，博士 31 名，硕士 70 名，特聘专家 11 名，在站博士后 6 名，在读硕士/博士研究生 27 名。创新中心人员规模预计可达 500 人左右，其中专业技术人员超过 400 人，科研人员占比超过 60%。

第二节　运行情况

一、创新能力建设进展

（一）构建稳定运行可持续发展的管控体系

轻量化院制定了 20 余项管理制度，包括《薪酬管理办法》《人才引进基金管理办法》等，推进现代化企业管理模式和制度创新；设立高端人才引进基金 500 万元每年，对国际国内顶尖人才（团队），实行“一事一议、随引随议”制度；制定实施《轻量化院项目分红权实施方案（2018—2020 年）》，坚持以业绩考核为导向，重点向团队带头人和技术骨干倾斜，开放研发基金，突出自主可控重大技术装备前期研究。

轻量化院构建了创新链和产业链融合完善的新模式，探索了创新联合体建设新途径。依托中央转制院所，建设创新中心，实现了国家引导、产学研用紧密协同，创新链和产业链深度融合完善，不断攻坚新技术，不断转移新成果，不断孵化新企业，为联合创新、协同创新提供了新途径与新机制。

（二）实施涉及国家重大工程和行业基础共性关键技术创新

聚焦航空航天、轨道交通、汽车工业等重点领域需求，创新中心承担国家科技重大专项、重点研发计划等项目 42 项；于 2018 年承接 300 余家企业服务项目。在无模复合成形技术与装备方面，创新中心获得国家技术发明二等奖，授权发明专利58项（其中国际发明专利21项），服务企业200余家，使关键零部件减重10%-30%，产品质量等级提高两级。在复合材料成形技术与装备方面，创新中心发明了复合材料构件数字化柔性精确成形技术及装备，于2018年获得中国机械工业科学技术奖特等奖，技术成果成功应用于航天、汽车等领域关键零部件制造。

（三）推动产学研用深度协同创新基地建设

创新中心建设轻量化材料制备、数字化设计与仿真模拟、无模复合成形、复合材料成形等 6 个实验室和超高强钢/铝合金温热成形、复合材料热塑/固成形、无模复合成形 3 条中试验证线；围绕京津冀一体化、山东半岛国家自主创新示范区等国家战略布局分中心，已初步形成以北京怀柔创新基地为中心，辐射山东省潍坊市、德州市和烟台市等区域的创新网络；通过创新联盟汇聚科研院所、高等院校、重点企业等，衔接产业链上下游，联合承担技术攻关、承接国家重大科研任务，攻克行业关键共性技术，推动产学研用深度融合，形成覆盖区域、相互衔接的协同创新体。

（四）加强国内外合作交流，助力区域经济转型升级

创新中心加强合作交流，与韩国生产技术研究院联合举办中韩先进制造技术研讨会；与德国弗朗恩霍夫激光研究所承担国家重点研发计划项目；引进韩国浦项工业大学顶尖教授，并联合承担国际合作项目；分别与山东省德州市、烟台市和潍坊市等地签署合作协议，推动传统制造业新旧动能转换及高端公共服务平台建设；与中国航天科技集团有限公司、中国航天科工集团有限公司、广西玉柴机器集团有限公司、潍柴动力股份有限公司、中国中煤能源集团有限公司等企业联合承担重大科研任务，助力行业发展。

二、已取得的部分成果

（一）承担或参加项目、获奖、专利等情况

创新中心紧密围绕轻量化成形制造领域的重大需求，开展数字化成形、先进成形工艺、先进成形装备应用研究；聚焦研究方向，在复杂铸件无模复合成形、超高强钢热/冷冲压成形、复合材料成形、模具材料和润滑材料、热加工数值模拟等方面取得重要研究进展，形成了技术优势和特色；同时，积极跟踪微

纳成形制造、新材料成形制造、智能制造等前沿领域，开拓新方向。

创新中心与上海航天精密机械研究所、西安交通大学、北京星航机电装备有限公司、上海交通大学、北京理工大学等国内重点高校和企业联合，积极承担国家和地方重大重点项目。2018 年，创新中心承担国家科技重大专项、智能制造专项、基础加强计划和地方省市科技专项项目等纵向项目 21 项。

创新中心重视科技成果及知识产权保护，不断完善科技成果和知识产权管理机制，促进科技成果转化。创新中心累计获得知识产权 347 项（国内授权发明专利 143 项，国外授权专利 37 项），登记软件著作权 80 项；获得科技成果奖励 63 项，其中国家级奖 3 项（国家科技进步一等奖 1 项，二等奖 1 项、国家技术发明二等奖 1 项），省部级奖 18 项。2018 年，创新中心共申请专利 53 项，其中发明专利 49 项；获授权专利 20 项，其中发明专利 18 项（包含国际发明专利 2 项），登记软件著作权 10 项；主持制修订国家及行业标准 3 项，发表学术论文 19 篇；获省部级以上科技奖励 4 项，其中中国机械工业科学技术特等奖 1 项、山东省专利一等奖 1 项、中国专利优秀奖 1 项、重庆市科技进步二等奖 1 项。

（二）成果转移转化

针对市场和企业的重大需求，创新中心积极开展调研，为企业解决生产中的各种难题，为企业量身打造技术升级方案，共承担企业委托技术开发和技术服务项目 40 项，取得了较好的经济效益和社会效益。

1. 数字化无模铸造精密成形技术与装备产业化推广应用

2018 年，创新中心在数字化无模铸造精密成形技术与装备方向累计服务企业 30 余家，重点围绕航空航天、动力机械、工程机械的装备复杂零部件快速定制服务，主要产品涵盖导弹舱体、发动机缸体缸盖、无人机壳体、变速箱壳体和卫星支架等铸铁、铸钢、铝合金、镁合金、钛合金等材质的 130 余件复杂产品。创新中心为潍柴动力股份有限公司快速开发 WP13 柴油机 HT250 材质飞轮壳，从三维图纸到铸件产品仅用时 7 天；为中航工业西安飞行自动控制研究所开发了某壳体零部件，该技术从三维模型到产品仅用时 5 天；为上海航天精密机械研究所开发了某卫星支架，从三维模型到产品仅用时 15 天，显著缩短其新产品开发周期；实现了毛坯件的一体成型，解决了大型框架结构件的一体成型的技术难题。

2. 汽车轻质高强复合材料短流程成形关键技术及成套装备产业化推广应用

创新中心围绕汽车用轻质高强复合材料已建成投产短流程成形成套装备 6 台（套），并在国内主要汽车厂开发出 10 余品种、40 余万个零部件，年直接经济效益 1 亿元。创新中心在山东省德州市和安徽省芜湖市分别搭建了复合材料模压试验线/生产线，拥有年产 10 万件的 LFT-D 生产线一条，并兼顾年产 3 万件的湿法模压生产线一条，可生产热塑/热固性复合材料汽车零部件，为企业提供产品开发、零部件试制等服务。创新中心与广东亚太新材料科技有限公司合作研发了 LFT-D 汽车用复合材料零部件快速低成本智能制造生产线、湿法模压生产线，建成具备长纤维快速模压装备、湿法模压快速成形装备两条生产线，推动复合材料共性成形技术、关键设备开发等方面应用开发。

3. 高性能增材制造用金属粉末材料制备技术推广应用

针对航空航天、船舶工业、汽车工业等领域对高合金特种粉末材料、轻合金粉末材料应用的重大技术需求，创新中心制备出高性能合金粉末材料并完成产业化推广，已开发出了具有自主知识产权的气雾化制粉生产技术装备，并完成高性能增材制造用金属粉末制备技术的成果转化。

4. 智能工厂示范推广应用

在国家科学技术进步奖一等奖的成果基础上，创新中心联合项目合作单位，对技术和装备进一步完善和研发，建立起纱线智能化染色模式，将智能化技术从单一染色生产线延伸至产品开发、工艺制定、络筒等工段和原料、成品仓库等，实现工厂级数据采集、分析、判断等功能。在完成技术研发的同时，创新中心深化产学研合作，将科研成果进行产业化推广应用，在山东省泰安市、新疆维吾尔自治区库尔勒市设立年产 20000 吨的智能染色工厂，并已顺利投产。

5. 超高速激光熔覆技术产业化推广应用

创新中心与中煤北京煤矿机械有限责任公司开展煤机液压支架加工超高速激光熔覆技术产业化合作，替代传统电镀工艺，极大地改善了工件表面耐磨耐蚀性能，推动了煤机行业的发展与革新。创新中心针对石油行业用闸板轴、耐磨带等产品与胜利油田有限公司、中国石油天然气股份有限公司华北油田分公司等开展产业化合作，新工艺较传统电镀工艺相比耐蚀性、耐磨性均显著提高，寿命提高5倍以上，在效率、成本、性能等方面实现对行业的改善与推动。

（三）工作所取得的社会效益、经济效益和环境效益分析

创新中心围绕航空航天、汽车工业、轨道交通等领域的重大需求，以市场需求为导向，以行业发展趋势为指引，积极进行技术服务、新产品开发、平台建设，取得了较好的社会效益、经济效益和环境效益。

1. 承担国家重点项目，研发基础共性技术，助推中央装备制造企业创新发展

围绕国家轻量化创新中心建设任务，承担了包括工业强基工程和国家科技重大专项在内的一批重大重点项目，汇聚轻量化材料成形制造领域创新资源，集聚高端人才，积极推进产学研用协同创新、引领行业发展的国家级轻量化材料成形技术与装备产业技术创新基地，研发航天航空、新能源汽车、轨道交通等领域关键材料、零部件、装备的基础共性技术，助推中央装备制造企业创新引领发展，支撑创新中心建设和高精尖产业发展，助力“中国制造”向“中国创造”高质量发展，为我国建成创新型国家和制造强国提供强有力的支撑。

2. 积极推进成果转化，促进技术推广应用

创新中心于2018年主持研制、起草国家/行业标准3项，承办中国机械制造工艺协会等行业组织的学术年会，参与团体标准等标准规范编制工作，参加轻量化领域行业会议和展会，积极推进成果转化，促进技术示范应用。2018年，创新中心先后参加了第73届世界铸造会议、国家科技重大专项展、山东首届儒商大会、首届世界内燃机大会暨展览会、2018西安全球硬科技产业博览会、2018世界制造业大会、2018中国国际徽商大会、2018中国铸造活动周等会议。创新中心积极与广大轻量化行业企业进行技术交流和成果推广，为创新中心各类成果落地搭建基础，积极拓展成果转化渠道，有效提升研发创新服务能力，服务轻量化领域企业。

第十九章

国家先进轨道交通装备创新中心

第一节　建设情况

先进轨道交通装备制造业创新中心（以下简称创新中心）以株洲国创轨道科技有限公司(以下简称国创科技)为主体，依托先进轨道交通装备创新联盟，汇聚整合企业、科研院校、高校、政府等的资源及优势，联盟成员单位的各类创新资源覆盖了全国 60%以上的国家重点实验室和国家工程中心，集成优化创新资源配置，已为先进轨道交通装备产业链、创新链配置了国内最具优势的资源。

一、组建情况

先进轨道交通装备创新中心依托国创科技建立。国创科技于 2018 年 2 月 6 日注册成立，注册资本金4.8亿元，首批实缴资金1亿元已全部到位。国创科技下设行政人事中心、战略发展中心、技术研发中心、财务中心、企业运营中心、工业智能研究所、激光制造研究所 7 个部门。

2016 年，中车株洲电力机车有限公司、中车株洲电力机车研究所有限公司、中车株洲电机有限公司、中国铁建重工集团有限公司、株洲联诚集团控股股份有限公司等单位联合在湖南省民政厅注册成立民办非企业单位——湖南省联合轨道交通装备创新中心，并在湖南省工业和信息化厅的指导下，组建了先进轨道交通装备创新联盟（以下简称创新联盟）。创新联盟按照轨道交通装备行业不同的需求，分别组建城市轨道交通产业技术创新战略联盟、中国智能无人系统产学研联盟、轨道交通装备产业工业互联网联盟 3 个分联盟，形成以轨道交通装备行业为基础，覆盖产业链上下游的综合性创新联盟。

二、创新资源

国创科技，由中车株洲电力机车有限公司（以下简称中车株机）、中车株洲电力机车研究所有限公司（以下简称中车株洲所）、株洲高科集团有限公司、株洲市国有资产投资控股集团有限公司、中车株洲电机有限公司、联诚集团控股股份有限责任公司（以下简称联诚集团）、清华大学天津高端装备研究院洛阳先进制造产业研发基地、中车株洲投资控股有限公司、金蝶软件（中国）有限公司、九方装备股份有限公司、麦格米特电气股份有限公司、高精传动设备制造集团有限公司等单位共同出资成立。

经过 3 年的建设，创新联盟现已成立了以刘友梅院士为主任委员，索建国、王浩、刘建、王大庆、谢维达和刘和龙为副主任委员的专家委员会，现有各类成员单位 298 家。

创新中心先后柔性引进刘友梅、丁荣军、田红旗、雒建斌、陈晓红、吴澄、陈湘生、翟婉明等院士，组建了 8 位院士领衔的专家委员会；同时，创新中心和陈晓红院士和周祖德院士签署了院士企业合作协议，组建了院士工作站。院士工作站现有教授 13 位，副教授 11 位，博士 28 位。创新中心通过外部招聘、校企共享、项目人才等方式组建了一支院士领衔，领军人才支撑的人才队伍，其中全职高层级技术人员 31 人；面向在研项目需求，共享和柔性引进项目团队 39 人，其中 17 人具有正高级职称。

第二节 运行情况

一、创新能力建设进展

（一）关键共性技术研发平台建设

创新中心启动了基于运行状态预测的城轨车辆转向架可视化协同维修、高精度惯性传感器、轨道交通行业先进降噪材料与结构、轨道交通车辆供电受流系统集成与关键部件、自主可控新型接触器、新能源动力包等 9 个项目，并购置了多轴联动车床、火花源直读光谱仪、等离子发射光谱仪等设备 13 余台（套）。

（二）技术孵化平台建设

根据关键共性技术的研发进展和商业化条件，创新中心重点推动高精度惯性传感器、自主可控接触器、轨道交通增材制造首次商业化，购置增材制造系统、探针测试台、引线缝合机、共晶烧结炉、温控转台、热处理炉、激光粒度分析仪等设备 11 台（套）。

（三）公共服务平台（试验检测平台）建设

创新中心公共服务平台采用租赁和自建相结合的方式建设，一是通过与株机公司大功率交流传动电力机车系统集成国家重点实验室签订仪器设备共享协议，实现资源共享；二是围绕 7 大关键共性技术创新方向，购置电气联调试验台、机械联调试验台、强度试验台、拉伸试验机等关键检测设备和通用检测设备 17 余台（套）。

二、阶段性创新成果

（一）创新能力建设方面

创新中心成功中标工业和信息化部先进轨道交通装备创新中心能力建设项目，按照要求，创新中心面向轨道交通装备产业重点建设共性技术研发平台、产业孵化平台、公共服务平台 3 大创新能力平台，实现国家创新中心建设目标。目前，创新中心已完成轨道交通创新创业园新办公楼装修及 C2 中试基地建设和投产。

（二）先进制造业集群打造方面

创新中心积极发挥创新资源集聚效应，采取政府引导、自愿组织的方式，联合轨道交通骨干企业成立产业集群促进机构——株洲国联轨道交通产业服务中心，按照“促进机构+产业联盟+平台公司”的运营模式，打造先进轨道交通装备产业集群。

（三）基础创新建设方面

创新中心按照“技术创新+管理创新”双轮驱动战略不断夯实创新基础，牵头申报的轨道交通装备运行质量检验监测科技服务技术研发与应用项目入选 2019 年国家重点研发计划，轨道交通无线无源声表面波温度感知芯片及系统项目成功入选 2019 年湖南省重点研发计划，智轨云项目成功入选 2019 年省互联网平台建设计划，城轨转向架可视化协同诊断及维修平台项目获株洲市 2019 年"高科杯"第四届创新创业大赛团队组一等奖。创新中心按照"龙头企业引领，投资孵化结合，线上线下互动"的发展思路，成功获批"株洲市创业孵化示范基地"；发挥创新中心的创新和创业优势，成功获批湖南省双创示范基地；发挥行业智库作用，积极参与国家省市相关政策制定，已成功参与国家发展改革委《产业结构调整指导目录（2019 年）》轨道交通装备部分内容制定，提交 7 条修订意见，其中 4 条被采纳。在 2019 年中国管理科学大会上，获得中国管理创新先进单位荣誉称号，《轨道交通装备产业"企业+联盟"协同创新生态商业模式的构建》获评优秀管理论文一等奖。

（四）创新平台化建设方面

（1）打造国际一流整车检测、认证平台。创新中心与上海轨道交通检测技术有限公司合资成立了湖南国基检测认证有限公司，并获得国家认证认可监督管理委员会国家级检验检测机构资质（CMA）认定，成为轨道交通装备领域的国内第三家、湖南省第一家获得国家级资质的独立第三方检测公司。

（2）建设行业唯一国家级工业互联网示范平台。创新中心深度对接国家互联网+、人工智能、大数据等政策，与国内外优秀互联网企业深度合作开发国内首个面向轨道交通装备行业的工业互联网平台，推动轨道交通产业链企业上云。2019 年 7 月，设备全生命周期数字化管理平台上线运营，是智轨云工业互联网平台在中国中车完成私有化部署后的第一个孵化应用，主要聚焦于企业资产管理与生产设备全生命周期管理，能显著提高生产设备可用率，并为企业资产管理提供有效的数据支撑。

（3）打造"国创教育"学术交流创新平台。创新中心以期刊《电力机车与城轨车辆》为创新学术交流阵地，依托专家委员会、院士工作站、股东单位、创新联盟的资源和优势，立足轨道交通装备产业，打造具有影响力、竞争力、创新力的行业特色"国创教育"学术交流平台。目前，创新中心已开展 3 次"技术大讲堂"系列课程活动，邀请百余家轨道交通相关企业参与，助推产业链上下游的中小型企业转型升级，初步搭建创新中心学术与人才交流创新阵地。

（五）行业影响力建设方面

创新中心持续完善创新能力，推动创新联盟建设工作，2019 年上半年新增

40 余家成员单位。创新联盟发挥汇聚行业资源的辐射作用，举办了 2019 年中国轨道交通新材料及创新技术发展论坛、首届机械工程赣江学术论坛等活动，扩大了创新联盟影响力。目前，创新联盟正在积极策划湖南省轨道交通博览会株洲论坛系列活动。创新中心启动国际化建设，组织相关人员观展2019年汉诺威工业博览会，学习国外先进轨道交通技术，与国外领军企业的精英人才进行技术交流。

第二十章

国家农机装备创新中心

第一节　建设情况

一、组建情况

国家农机装备创新中心（以下简称创新中心）在河南省智能农机创新中心的基础上升级组建，采取“洛阳智能农业装备研究院有限公司+国家智能农机装备产业技术创新战略联盟（以下简称创新联盟）”的模式运行。洛阳智能农业装备研究院有限公司作为创新中心的实施主体，通过资本纽带、技术合作纽带、大数据等服务平台紧密连接股东和创新联盟成员单位。创新联盟汇聚了科研院所、龙头企业、高校等各类创新主体，覆盖本领域全部国家级创新机构，将成为产学研用紧密结合的平台。

创新中心围绕农机领域的重大需求，通过汇聚领域创新资源、集聚高端人才、对标国际创新机构，构建新一代农机装备开放标准架构，开展具有信息获取、智能决策和精准作业能力的高端农机产品及其制造技术的研究与产业孵化，解决关键材料、核心制造工艺与薄弱环节农机装备供给问题，建立应用基础研究和工程化、产业化连接的桥梁，形成“人才聚集—资金投入—科研开发—成果孵化—产业反哺科研”的良性创新创业生态，打造农机领域原创科技的策源中心、行业技术进步的促进中心，助力我国农机装备高质量发展。

（一）洛阳智能农业装备研究院有限公司

洛阳智能农业装备研究院有限公司是由农业装备产业链（包括材料、工艺、装备、零部件、用户、服务等）上各个环节的领军企业通过资本入股组建，具有行业代表性；同时，股东单位包含“产学研用金”等多方机构，通过跨界深度融合创新生态体系的搭建，持续探索以企业为主体、以产业联盟为依托、以市场化应用为导向、产学研用深度融合的高效运行模式。

2017 年 12 月，在河南省人民政府、中国机械工业集团有限公司、中国科学院、清华大学等单位联合支持下，由中国一拖集团有限公司、中联重机股份有限公司、洛阳中科龙网创新科技有限公司、清华大学天津高端装备研究院洛阳先进制造产业研发基地、洛阳中科信息产业研究院共同出资组建洛阳智能农业装备研究院有限公司作为创新中心依托载体。同时，为进一步集聚行业优势资源、优化股权结构，洛阳智能农业装备研究院有限公司进一步引入中国农业机械化科学研究院、江苏悦达智能农业装备有限公司、农芯科技（北京）有限责任公司、无锡卡尔曼导航技术有限公司、洛阳拖拉机研究所有限公司等行业优势企业及科研院所。

洛阳智能农业装备研究院有限公司将不断增强多元化股东共同科学决策创新中心发展的能力，解决合力协作等问题，通过内部管理制度建设，明确各参与建设单位的责权利，形成适用于创新中心的市场化运营、成果转移转化、知识产权管理、产学研用深度协同、可持续发展等运行机制，实现公司市场化运行。2018 年，创新中心通过技术转移孵化、项目研发和政府专项支持实现经营性收入，未来将持续加大研发投入，确保公司研发投入比例不低于 50%，同时，通过技术成果转移、项目(技术)研发、技术服务、中试产品销售、企业孵化等持续提升可持续发展能力。

（二）创新联盟

创新联盟是在中国民营科技促进会联盟培育服务中心指导下，由洛阳智能农业装备研究院有限公司、中国一拖集团有限公司、中联重机股份有限公司、中国科学院计算技术研究所、中国航天科技集团公司第十二研究院、中国农业大学、江苏大学、北京理工大学、中国石油大学、哈尔滨工业大学、电子科技大学、河南科技大学、中国科学院微电子研究所、中国科学院合肥物质科学研究院、中国科学院沈阳自动化研究所、中国科学院生态环境研究中心等企业、科研院所和高校共同组建的行业协同平台。

创新联盟独立运行，下设理事会、专家委员会、秘书处。理事会负责中心重大事项的协调与决策，秘书处负责联盟日常管理和运行。同时，为进一步统筹协调国内农机领域优势创新资源，促进相关领域科技成果和技术标准的推广与应用，推动知识产权和产业的可持续发展，创新联盟与国家农业装备产业技术创新战略联盟在人才交流与联络、活动及会务资源对接、联盟机制建立与管理协作、联盟信息共享等方面达成合作。

创新联盟围绕农机装备产业的关键共性问题开展合作，突破产业发展的核心技术，形成产业标准；建立公共平台，实现资源的有效分工与合理衔接，实行知识产权共享；实施技术转移，加速科技成果的商业化运用，联合培养人才；引导和支持创新要素向企业集聚，促进科技成果向现实生产力转化；保障科研与生产紧密衔接，推动产业结构优化升级，提升农机装备产业核心竞争力。

二、创新资源

创新中心高起点规划、高标准建设、高质量运行，聘请中国工程院院士赵春江任创新中心主任，中国工程院院士罗锡文任专家委员会主任，洛阳智能农业装备研究院有限公司股东及创新联盟核心单位覆盖农机装备领域全部的国家级创新平台，拥有拖拉机动力系统国家重点实验室、农业生产机械装备国家工程实验室、国家农业机械工程技术研究中心等 8 家国家级研发平台，现代农业装备国家地方联合工程研究中心等 3 个国家地方联合工程实验室（研究中心）和国家拖拉机质量监督检验中心等 4 家国家级质量监督检验中心。在股东单位的大力支持下，创新中心与拖拉机动力系统国家重点实验室、土壤植物机器系统技术国家重点实验室等国家研发平台和国家拖拉机质量监督检验中心等 4 家国家级质量监督检验中心实现了设备、人才等资源共享；通过整合股东及创新联盟单位的现有资源和仪器设备，规划建立协同共享的技术研发设计平台，围绕农机装备共性技术，提升农机装备研发设计、质量检测和验证能力。

表 20-1　农机装备领域国家级创新平台

序号	平台名称	依托单位	批准单位	备注
1	拖拉机动力系统国家重点实验室	中国一拖集团有限公司	科技部	涵盖
2	土壤植物机器系统技术国家重点实验室	中国农业机械化科学研究院	科技部	涵盖
3	农业生产机械装备国家工程实验室	中国农业机械化科学研究院	发展改革委	涵盖
4	国家农业机械工程技术研究中心	中国农业机械化科学研究院	科技部	涵盖
5	国家草原畜牧业装备工程技术研究中心	中国农业机械化科学研究院呼和浩特分院	科技部	涵盖
6	国家农业智能装备工程技术研究中心	北京市农林科学院	科技部	涵盖
7	国家农业信息化工程技术研究中心	北京农业信息技术研究中心	科技部	涵盖
8	粮食加工机械装备国家工程实验室	无锡中粮工程科技有限公司	发展改革委	涵盖

表20-2　农机装备领域国家地方联合工程实验室（研究中心）

序号	平台名称	依托单位	批准单位
1	农机北斗导航与智能测控国家地方联合工程实验室	北京农业智能装备技术研究中心	发展改革委
2	农业物联网技术国家地方联合工程实验室	北京农业信息技术研究中心	发展改革委
3	现代农业装备国家地方联合工程研究中心	中联重机股份有限公司	发展改革委

创新中心已组建100余人的核心研发团队，同时依托股东与创新联盟单位形成综合性研究支持团队，成员涵盖产品数字设计、工艺及材料、制造与检验、智能测控、数据挖掘等专业。此外，创新中心与清华大学、江苏大学、中国农业大学、北京理工大学、河南科技大学等高校及院所就耐磨材料、新能源农机装备底盘和动力驱动、大数据平台建设等多方向展开联合研发及人才培养，中国科学院集聚计算技术研究所、地理科学与资源研究所、微电子研究所等农机相关研究力量建立中国科学院智能农业机械装备工程实验室，为创新中心提供了强有力的人才和技术支撑。

第二节　运行情况

2018年10月，创新中心发布了国内首台路径规划和自动避障等功能为一体的无驾驶室的纯电动拖拉机，并在整车控制系统、燃料电池拖拉机开发、集群作业控制等技术方向进行探索与持续改进，布局和开发新能源拖拉机系列产品，中央电视台、新华社、新华网、河南日报等国内外媒体先后进行了报道；完成了国内第一款集控制、计算、通信为一体的智能农机控制芯片研发，实现了多核异构、多级总线系统架构设计，完成了芯片模块设计验证和系统集成；持续开发了农业信息数据采集终端、水肥一体机、太阳能杀虫灯等13种智慧农业设备及智能农耕系统，为精准农业实施提供集中模式的环境数据采集和调控；针对经济作物机械化需求，完成了果蔬类作物植保需求的“龙耕系列”智能农业机器人试制；运用增材技术提升农机入土部件（旋耕刀、犁铧尖）耐磨性能，将新型农机入土部件的作业寿命提升至现有产品作业寿命的3倍以上；建设完成了农机运维与管理平台、农业监管平台等多项信息化平台，其中农机运维与管理平台已完成3万余台农机数据的接入与回传，数据覆盖31个省、108个生产商、26种类型农机，为行业提供广泛的技术服务。目前，创新中心各研发项目已取得阶段性成果，参与国家及省市项目7项，已申报知识产权210余项，授权100余项，行业影响力逐渐扩大。

目前，创新中心通过技术委托开发、技术孵化初创项目公司、产品销售等方式实现技术扩散、成果转化和首次商业化，为潍坊智能农机装备技术创新研究院、河南德昌机械制造有限公司、北京中科晶上科技股份有限公司、洛阳中收机械装备有限公司、一拖(洛阳)烟草机械有限公司等单位提供产品输出及技术服务。创新中心研发的北斗星远程控制器被认定为河南省首台(套)重大技术装备，完成的新能源无人驾驶拖拉机研发项目获得2018中央企业熠星创新创意大赛三等奖。2018年，创新中心通过技术转移孵化、项目研发和专项支持，取得可观的经营性收入，初步实现了收支平衡。

第二十一章

国家智能网联汽车创新中心

第一节　建设情况

一、组建情况

国家智能网联汽车创新中心（以下简称创新中心）以国汽（北京）智能网联汽车研究院有限公司（以下简称国汽智联公司）为运营主体，联合中国智能网联汽车产业创新联盟（以下简称创新联盟），采用“公司+联盟”的模式组建。2017年6月12日，在工业和信息化部指导下，中国汽车工程学会、中国汽车工业协会共同发起成立创新联盟，创新联盟单位覆盖行业有影响力的中外企业，在共性技术研发、标准法规、测试示范、学术交流与国际合作、人才培养等方面开展工作，是国内推动智能网联汽车技术和产业发展的重要平台。2018年3月，通过整合国内整车、零部件、信息通信、互联网等领域18家龙头企业，汇聚多元化创新资源和行业优势，共同组建成立国汽智联公司，形成以独立法人形式运行的新型创新载体。

二、创新资源

国汽智联公司注册资本为9亿元人民币，一期包含12家股东单位，二期包含6家股东单位，每家出资金额均为5000万元，各占注册资本的5.55%，全部以现金形式出资。第三期股东将引入德国大众汽车公司等重量级外资股东，不断扩大资本。国汽智联公司股东及出资情况见表21-1。

表 21-1　国汽智联公司股东及出资情况

序　号	股 东 单 位	出资金额（万元）	股比（%）
1	中国第一汽车股份有限公司（以下简称一汽）	5000	5.55%
2	东风汽车集团股份有限公司	5000	5.55%
3	广州汽车集团股份有限公司	5000	5.55%
4	北京汽车研究总院有限公司	5000	5.55%
5	重庆长安汽车股份有限公司	5000	5.55%
6	江铃汽车集团有限公司	5000	5.55%
7	郑州宇通客车股份有限公司	5000	5.55%
8	中国汽车技术研究中心有限公司	5000	5.55%
9	启迪云控（北京）科技有限公司	5000	5.55%
10	浙江亚太机电股份有限公司	5000	5.55%
11	上海保隆汽车科技股份有限公司	5000	5.55%
12	惠州市德赛西威汽车电子股份有限公司	5000	5.55%
13	上海汽车工业（集团）总公司（以下简称上汽）	5000	5.55%
14	厦门金龙汽车集团股份有限公司	5000	5.55%
15	中国汽车工程研究院股份有限公司	5000	5.55%
16	北京四维图新科技股份有限公司	5000	5.55%
17	北京北斗星通导航技术股份有限公司	5000	5.55%
18	江苏新通达电子科技股份有限公司	5000	5.55%
	总　额	90000	100

创新联盟现有理事单位 64 家，普通成员单位 269 家，已成为我国智能网联汽车产业发展的重要平台。创新联盟成员单位见表 21-2。

表 21-2　创新联盟成员单位

序　号	联 盟 成 员 单 位	备　注
1	中国汽车工程学会、中国汽车工业协会	理事长单位
2	中国第一汽车集团公司	副理事长单位（9 家）
3	长安汽车股份有限公司	
4	中国汽车工程研究院股份有限公司	
5	中国汽车技术研究中心	
6	清华大学	
7	交通运输部公路科学研究院	

续表

序　号	联盟成员单位	备　注
8	公安部交通管理科学研究所	副理事长单位（9家）
9	中国信息通信研究院	
10	北京百度网讯科技有限公司	
11	上海汽车集团股份有限公司	理事单位（53家）
12	联通智网科技有限公司	
13	中国移动通信集团公司	
14	东风汽车集团有限公司	
15	北京汽车集团股份有限公司	
…	…	
63	华为技术有限公司	
64	中国电信集团公司	普通成员（269家）
…	…	
332	福特汽车（中国）有限公司	

创新中心起步期（2018—2019年）在原有筹备团队基础上，进行社会招聘，从各核心成员单位抽调部分全职和兼职人员，扩展团队规模，形成300人左右团队。目前，已有来自中国汽车技术研究中心、中国汽车工程研究院有限公司、一汽、上汽等单位的60余人以兼职的形式参与到了创新中心的建设中。创新中心发展期（2020—2021年）主要依托社会招聘，并利用各单位的兼职人员资源，预计形成300～500人规模的团队。创新中心成熟期（2022年以后）主要依托社会招聘，预计形成500～700人左右规模的团队。

另外，创新中心建立了院士专家团队工作站、与高校及科研院所共建博士后工作站、建设了国内研究生科研实习基地等机构。创新中心将继续与各大高校和科研院所密切合作，聘请不同领域内的前沿技术专家进入专家技术委员会，负责项目立项评审、项目方案论证和成果发布审查等工作，把握重大项目研究方向；联合专家团队参与创新中心项目，共同开展专项课题研究，实现技术成果共享。创新中心免费提供办公场地和科研条件，吸引高技术团队带课题入驻。目前，创新中心已建立院士专家工作站，正在与北京经济技术开发区管委会积极沟通，尽快落实博士后工作站的建立。

创新中心汇集了行业内整车企业、科研院所和高等院校的主要创新力量，覆盖行业内超过70%以上的国家重点实验室、国家工程实验室、国家工程研究中心和国家工程技术研究中心，包括汽车安全与节能国家重点实验室、汽车仿真与控制国家重点实验室、汽车噪声振动和安全技术国家重点实验室、移动源污染排放控制技术国家工程实验室、国家重型汽车工程技术研究中心等。依托上述行业研发机构共建、共享智能网联实验室。

创新中心已初步形成智能网联汽车领域的主要试验能力：自动驾驶软硬件开发能力、软硬件在环测试能力、整车测试能力；网联化系统软硬件开发能力、软硬件在环测试能力、整车测试能力；信息安全攻防测试能力；高精度动态地图实时动态信息监控、更新等能力；车-路-云资源协同测试能力等。

第二节　运行情况

一、技术创新

创新中心以智能网联汽车的行驶环境融合感知、智能网联决策控制、复杂系统重构设计、智能网联安全和多模式测试评价 4 大关键技术为核心，统筹考虑智能网联汽车产业共性技术研发需求和国家支持的重点研究方向，开展前沿与关键共性技术研究工作。创新中心将智能网联汽车相关领域亟须的 4 大关键共性技术研发成果进行中试验证，进行相关技术领域产品的全生命周期管理，实现智能网联汽车从关键共性技术研发、试验验证到示范应用和商业化推广的整体技术建设方案，为智能网联汽车产业化落地和发展奠定良好的基础。

二、试验能力

围绕智能网联汽车 4 大关键共性技术研究，创新中心规划建设国汽智联实验室，支撑关键技术突破，为行业提供技术评价、产品检测、认证及标准咨询等基础性公共服务活动，促进企业提升产品品质、实现技术升级。

国汽智联实验室建设总共分为两个阶段，第一阶段建设完成 15 个智能网联汽车实验室；第二阶段整合建成 5 个实验中心，包含 20 个智能网联汽车实验室。国汽智联实验室规划情况见图 21-1。

三、首次商业化

创新中心通过聚集技术人才、科技企业、金融机构等要素，推动智能网联汽车行业关键共性基础技术发展，推动行业完整产业链构建。利用创新中心政策法规、行业专家等资源，对行业进行系统化、长周期的研究，梳理行业脉络，跟踪先进技术，系统挖掘优质标的；利用创新中心的股东资源和技术积累，形成丰富的研发项目资源，对科技公司形成支撑，提升公司的技术研发能力，提升公司商业化落地能力；利用创新中心的股权投资资金和社会上的金融资本，对优质技术和优秀团队进行孵化，通过资本的方式，加速创业公司产品化、市场化进程。

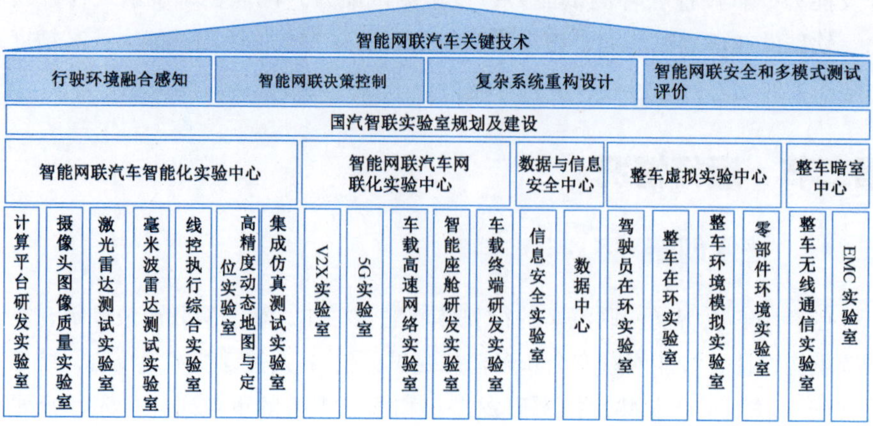

图21-1 国汽智联实验室规划情况

第二十二章

国家先进功能纤维创新中心

第一节 建设情况

一、组建情况

国家先进功能纤维创新中心（以下简称创新中心）在江苏省先进功能纤维创新中心基础上升级组建，由东华大学和江苏国望高科纤维有限公司（以下简称国望高科）牵头成立，采用“公司+联盟”的模式，创新中心按照“优势互补、协同创新、开放共享”原则，完全体现出开放性、市场化和可操作性。其中，江苏新视界先进功能纤维创新中心有限公司（以下简称新视界公司）负责创新中心的管理和运行，先进功能纤维创新中心联盟（以下简称创新联盟）为行业提供技术交流、项目合作、供需对接、技术成果转化等合作共赢的服务，为我国先进功能纤维产业高质量发展提供支撑。

（一）新视界公司

新视界公司于2018年7月注册设立，由东华大学和国望高科牵头成立，主要业务为先进功能纤维的研发、知识产权运营、技术成果转化、技术服务、检测服务、咨询服务等。公司设立股东会监管下的董事会，董事会为决策机构，负责新视界公司重大决策。同时，新视界公司实施“技术和管理双轮驱动”组织模式，设立战略咨询委员会和运行决策委员会，为创新中心提供咨询建议，包括创新中心的发展战略规划、建设方向和方案及项目评估。其中，战略咨询委员会主要权责和功能是对创新中心候选项目进行讨论、评审，形成咨询意见供运行决策委员会参考。运行决策委员会主要权责和功能是依据战略咨询委员会专家给出的咨询意见，对项目经理进行提问，根据自身的分析和判断，对项目进行决策。

（二）创新联盟

创新联盟按照围绕产业链构建创新链的原则，吸收行业内龙头企业、高等学校、科研机构成员单位，构建“基础研究—技术开发—产品制造—商业化应用”的全创新链的创新联盟，会员提供技术交流、项目合作、供需对接、技术成果转化等合作共赢的服务，推进先进功能纤维行业发展。

二、创新资源

新视界公司股东单位集聚了聚酯纤维、聚酰胺纤维和高性能纤维产业链的众多领军企业及知名高校。新视界公司第一批共 9 家股东，包括江苏国望高科纤维有限公司、江苏中鲈科技发展股份有限公司、东华镜月（苏州）纺织技术研究有限公司（东华大学）、浙江恒逸石化有限公司、新凤鸣集团股份有限公司、江苏奥神新材料股份有限公司、福建锦江科技有限公司（以下简称锦江科技）、辽宁银珠化纺集团有限公司、北京三联虹普新合纤技术股份有限公司。未来运营公司将进一步吸纳行业内创新能力强的企业、高校和科研院所，积极争取社会资本成为运营公司股东，共同参与创新中心建设。目前，创新中心已与江苏盛泽投资有限公司、江苏省产业技术研究院、江阴阳光集团有限公司等达成投资协议，新视界公司股东单位将从 9 家增加到 16 家。

创新联盟已发展会员 60 余家，包括行业骨干企业、高校院所、行业上下游企业等，涉及技术研发、成果转化、技术服务的全产业链资源，覆盖石化、织造、服装、聚酰胺纤维、碳纤维、芳纶、复合材料、高性能纤维等行业。创新联盟代表企业见表 22-1。

表 22-1　创新联盟代表企业

类　别	联盟成员单位
协会、高校和科研院所	中国化学纤维工业协会、北京服装学院、江南大学、香港理工大学、中国昆仑工程有限公司、新材料与产业技术研究院
聚酰胺纤维企业	锦江科技、福建新创锦纶实业有限公司
高性能纤维及复合材料企业	烟台泰和新材料股份有限公司、上海凯赛生物技术研发中心有限公司、唐山三友集团兴达化纤有限公司、苏州生物苏震工程有限公司、江苏澳盛复合材料科技有限公司、中复神鹰碳纤维有限责任公司、济南圣泉集团股份有限公司

续表

类　　别	联 盟 成 员 单 位
石化企业	江苏斯尔邦石化有限公司、江苏虹港石化有限公司、福建永荣石化科技有限公司
织造企业	盛虹控股集团有限公司、愉悦家纺有限公司
检测平台	纺织品检测、纤维检测、结构与功能检测、碳纤维功能检测

创新中心充分整合股东和创新联盟单位的国家、省级研发平台，目前已经覆盖了 50%以上本领域的国家重点实验室、国家工程实验室、国家工程技术中心、国家工程研究中心等国家级创新平台，能够为研究开发行业关键共性技术服务。创新中心股东现有的研发平台和创新联盟单位现有的研发平台分别见表 22-2 和表 22-3。

表 22-2　创新中心股东现有的研发平台

序　　号	单　　位	行 业 地 位	拥有研发平台
1	东华镜月（苏州）纺织技术研究有限公司（东华大学）	国家“211 工程”和一流学科建设高校	纤维材料改性国家重点实验室
2	江苏国望高科纤维有限公司	全球超细纤维行业领军者	国家企业技术中心
3	江苏中鲈科技发展股份有限公司	拥有完整的生物质合成高分子纤维产业链	国家生物基 PTT 产品开发基地
4	浙江恒逸石化有限公司	全球最大的经营 PTA、PET 的石油化工企业之一，国内唯一“聚酯+锦纶”双产业链驱动发展模式	国家企业技术中心
5	新凤鸣集团股份有限公司	集聚酯、涤纶纺丝为一体的现代大型化纤集团	全国示范院士专家工作站 浙江新凤鸣化纤研究院
6	辽宁银珠化纺集团有限公司	国内锦纶纤维专业制造商和龙头企业	国家企业技术中心
7	北京三联虹普新合纤技术服务股份有限公司	国内为合成纤维及其原材料行业提供工程技术整体解决方案的公司	国家火炬计划重点高新技术企业
8	江苏奥神新材料股份有限公司	拥有干法纺聚酰亚胺纤维千吨级生产线	国家碳纤维复合材料试验公共服务平台
9	福建锦江科技有限公司	专业从事高端尼龙纤维产销的公司	国家功能性差别化聚酰胺新材料基地

表 22-3　创新联盟单位现有的研发平台

序　　号	单　　位	行 业 地 位	拥有研发平台
1	中国化学纤维工业协会	贯彻执行国家的产业政策，促进技术进步，推动全行业的发展	全国性社团组织
2	苏州大学	国家“211 工程”和一流学科建设高校	国家工程试验室
3	江南大学	国家“211 工程”和一流学科建设高校	国家级科研基地
4	北京服装学院	纺织服装重点院校	中国时尚研究院、中国生活方式设计研究院
5	中国昆仑工程有限公司	中国纺织行业部属大型勘察设计单位，致力于开发专有技术和成套设备	持有国家颁发的工程设计、工程勘察、工程咨询、工程监理、工程造价、工程总承包、环境治理等甲级资质证书
6	盛虹控股集团有限公司	纺织产业链完整，印染加工能力居亚洲领先水平	江苏盛虹纺织新材料研究院
7	烟台泰和新材料股份有限公司	中国氨纶、芳纶行业的领军企业	国家芳纶工程技术研究中心
8	愉悦家纺有限公司	拥有完善的家纺产业链	山东省企业技术中心
9	中复神鹰碳纤维有限责任公司	致力于为全世界提供包括碳纤维原丝研发、碳纤维生产、碳纤维复合材料制品研发一体化解决方案	江苏省企业技术中心
10	上海凯赛生物技术研发中心有限公司	专注于生物制造的产业化技术开发和实践	国家级研发中心
11	唐山三友集团兴达化纤有限公司	做强、做优纤维素纤维	国家纤维素纤维新产品研发基地
12	江苏澳盛复合材料科技有限公司	国内一流的碳纤维、芳纶等高性能纤维制品的生产基地	苏州市碳纤维复合材料工程技术研究中心
13	苏州苏震生物工程有限公司	致力于研发生物基纤维原料	苏州市生物基 1,3-丙二醇产业化工程技术研究中心

创新中心员工队伍主要有 3 类：技术研发团队、专职管理团队和专职技术服务团队。根据创新中心发展的情况，技术研发团队可以充分发挥创新中心股

东和创新联盟单位的人才和智力优势，与国家重点实验室、国家工程中心紧密合作，以项目管理制的方式灵活组建。同时，创新中心将加大人才引进力度，在政府各种人才项目的支持下从海内外引进高端人才和团队，逐步壮大专职技术研发团队，使专职技术研发人员达到专职员工人数的 50%以上，专兼职人员技术人员占人员总数的 70%以上，并呈逐年扩大之势。

目前，创新中心已有人员 200 余人，包括管理人员、研发人员、中试基地人员和检测平台人员等。创新中心员工现有组成见表 22-4。

表 22-4　创新中心员工现有组成

序　号	类　别	人　数（人）
1	董事会	7
2	运行决策委员会	7
3	战略咨询委员会	15
4	管理人员	12
5	研发人员	102
6	中试及检测人员	58
合　计		201

第二节　运行情况

创新中心围绕功能纤维新材料、高端用纤维材料及纺织品、前沿纤维新材料等方向，聚焦关键共性技术、基础材料、核心工艺等方面，开展技术研发，已形成部分成果。

一、聚酰胺纤维高效柔性化技术研发及成果转化

聚酰胺纤维高效柔性化技术研发及成果转化项目（以下简称聚酰胺纤维项目）已完成前期实验室研发和专利成果谈判，下一步重点将推进中试和首次商业化。目前，聚酰胺纤维项目已组建 10 人研发团队，突破聚酰胺熔体直纺及柔性化生产关键瓶颈，最终建立起大容量聚酰胺熔体直纺及柔性化高效制备的规模化生产能力，满足客户订制化、加工高效柔性化，缩短产品开发周期，降低产品能耗，拓展产品范围，提升装置灵活性和产品品质，从而提升企业竞争力，促进行业的转型升级。

二、无锑聚酯纤维研制与首次应用

无锑聚酯纤维研制与首次应用项目（以下简称无锑聚酯纤维项目）已完成前期实验室研发和专利成果谈判，下一步重点将推进中试和首次商业化。目前，无锑聚酯纤维项目已组建 9 人研发团队，关注无锑聚酯使用安全、环保和可持续发展，研发并生产钛系催化剂或多元金属催化剂聚合技术，设计专业化聚合装置，替代锑系催化剂生产无锑纤维，引领我国聚酯环保催化剂应用的发展方向，从根本上解决太湖流域江河锑污染。

三、生物基合成高分子纤维研发

生物基合成高分子纤维研发项目（以下简称生物基纤维项目）筹划于 2020 年启动。目前，生物基纤维项目已组建 10 人研发团队，研发生物基合成高分子纤维，扩展化纤原料的生物基来源，为我国后石油时代开发具有优良使用性能的、资源可再生生物基聚酯纤维技术，提升我国新型纤维领域的国际竞争力，力争在生物基纤维技术领域达到国际领先水平。

四、阻燃纤维产业化技术研发

阻燃纤维产业化技术研发项目筹划于 2020 年启动，以解决长期困扰我国阻燃聚酯、聚酰胺、纤维素纤维产品阻燃性能差，燃烧时易产生熔滴和烟雾等问题，通过研发新型磷系共聚阻燃聚酯、聚酰胺合成技术、硅氮阻燃纤维素纤维制备技术，开发阻燃耐熔滴聚酯、聚酰胺、阻燃低烟低毒纤维素纤维等品种，为高铁、飞机等公共场所提供安全防护。

五、舒适性聚酯纤维及制品产业化技术研发

舒适性聚酯纤维及制品产业化技术研发项目筹划于 2020 年启动，研发推动我国聚酯纤维产业链的技术进步及产品的升级换代，带动相关领域的技术进步，提高我国化纤面料的国际市场竞争力和附加值，实现舒适性聚酯面料原材料、纤维及产品国产化，对满足人们对高品质、舒适性服装的迫切要求，解决天然纤维短缺带来的忧患，具有重要的社会意义。

六、高保形纤维及制品产业化技术研发

高保形纤维及制品产业化技术研发项目筹划于 2021 年启动。高保形纤维是现代纺织制品发展的重要方向，其挺括与易护理的特性可满足人们快节奏的现代生活，因此需求日益增大。高保形纤维的开发，以原料低成本化，纤维高

强、高模与弹性一体化、功能化，织造染整高效化为目标，为高保形弹性纤维材料使用及推广应用奠定基础。

七、聚酰亚胺高性能纤维研发

聚酰亚胺高性能纤维研发项目筹划于 2022 年启动。聚酰亚胺纤维是高性能纤维的一个重要品种，具有优异的热稳定性、耐辐射性、耐候性和良好的力学性能。聚酰亚胺纤维的基础工艺、装备研发正在突破中试，以降低成产成本，形成产业化，加强下游应用研发及市场开拓，可应用于高温防护服、高温过滤除尘、航空航天、环保等领域。

八、纳米纤维规模化研发

纳米纤维规模化研发项目筹划于 2022 年启动，主要研究纳米纤维规模化、可控制备技术、过滤与分离材料等产业用纺织品设计、制造及成型技术，突破纳米纤维宏量稳定生产的关键技术瓶颈，包括纳米纤维质量的控制、溶剂的回收和纺丝系统的集成技术；建立静电纺和微生物法、纳米纤维宏量制备生产线，提高纳米纤维的生产效率和产品质量稳定性并降低生产成本，实现纳米纤维规模化生产；拓宽静电纺纳米纤维和微生物法纳米纤维的种类，主要从纺丝原料与纤维结构两个方面实现对纳米纤维膜的调控，以提升产品质量。

后 记

制造业是实体经济的主体，是立国之本、强国之基。实施国家制造业创新中心建设工程既是深化科技体制改革的有益探索，也是推进和落实制造强国战略的关键举措。建设国家制造业创新中心，构建形成一批开放、协同、高效的制造业共性技术研发平台，对突破制约行业发展的关键共性技术、加速科研成果转移扩散和商业化应用、促进制造业高质量发展具有重要意义。

本书由王鹏担任主编，何颖、任海峰担任副主编，宋亮、郭英等研究人员参与编写。在本书的研究和编写过程中，得到了国家动力电池创新中心、国家增材制造创新中心、国家印刷及柔性显示创新中心、国家信息光电子创新中心、国家机器人创新中心、国家智能传感器创新中心、国家集成电路创新中心、国家数字化设计与制造创新中心、国家轻量化材料成形技术及装备创新中心、国家先进轨道交通装备创新中心、国家农机装备创新中心、国家智能网联汽车创新中心、国家先进功能纤维创新中心13家国家制造业创新中心，以及北京市、广东省、江苏省、陕西省等工业和信息化主管部门的材料支持和帮助，在此一并表示感谢。

由于时间仓促，难免有疏漏和不妥之处，欢迎并期盼各界专家、学者提出宝贵意见和建议。希望本书对完善我国制造业创新体系、推进制造业高质量发展具有参考意义。